Alfred Kölz

Der demokratische Aufbruch des Zürchervolkes

Alfred Kölz

Der demokratische Aufbruch des Zürchervolkes

Eine Quellenstudie zur Entstehung der Zürcher Kantonsverfassung von 1869

Schulthess § Zürich 2000

© Schulthess Juristische Medien AG, Zürich 2000
ISBN 3 7255 4001 2

Vorwort zur Schriftenreihe

Am 13. Juni 1999 haben die Stimmberechtigten des Kantons Zürich dem Verfassungsgesetz über die Totalrevision der Kantonsverfassung zugestimmt. Damit wurde der Startschuss für eine Erneuerung der geltenden Verfassung von 1869 gegeben. Ein Verfassungsrat mit 100 Mitgliedern wird dieses Jahr gewählt mit dem Auftrag, die Grundlagen des Staatswesens Zürich zu klären und eine neue Verfassung zu formulieren. Dabei soll es nicht um eine blosse Nachführung bestehenden Verfassungsrechts gehen. An der Schwelle zum neuen Jahrhundert soll die staatliche Grundordnung in ihrer Gesamtheit überdacht und in einer einheitlichen, verständlichen Sprache neu festgesetzt werden.

Dem Vorhaben einer Totalrevision wurde von Kritikern häufig vorgehalten, es fehle an einer Grundwelle für die Erneuerung. Das Interesse der Öffentlichkeit sei nicht vorhanden. Es handle sich um eine akademische «Schönschreibeübung» von Juristinnen und Juristen. Das Abstimmungsergebnis vom 13. Juni, vor allem aber auch das grosse Interesse an den Kandidaturen für den Verfassungsrat zeigen das Gegenteil. Viele Mitbürgerinnen und Mitbürger fühlen sich von diesem Projekt der Erneuerung angesprochen. Es kann deshalb nur gelingen, wenn die Bevölkerung von allem Anfang an möglichst umfassend in den Meinungs- und Entscheidungsfindungsprozess eingebunden wird.

Die vorliegende Schriftenreihe verfolgt das Ziel, in einem frühen Zeitpunkt Grundfragen der Verfassungsrevision zu diskutieren. Im ersten Band soll auf die Entstehung der geltenden Verfassung zurückgeblickt und das heute noch Tragende und Bleibende sichtbar gemacht werden. Die weiteren Bände werden sich der Frage annehmen, ob und weshalb es im ausgebauten Bundesstaat Schweiz überhaupt noch einer Kantonsverfassung bedarf oder wie das Verhältnis zwischen Staat und Gesellschaft auf kantonaler Ebene auszugestalten wäre. Welche Staatsaufgaben sollen von welcher Ebene wahrgenommen werden? Wie ist unsere direkte Demokratie in Zukunft auszugestalten? Was kann man aus neueren Verfassungen anderer Kantone lernen? Diese und andere Fragen sollen einerseits durch Überblick verschaffende Aufsätze von Wissenschafterinnen und Wissenschaftern dargelegt, darüber hinaus aber auch durch kontroverse Beiträge interessierter Staatsbürgerinnen und Staatsbürger diskutiert werden.

Wir hoffen, dass wir mit dieser Schriftenreihe das Interesse an der Verfassungsrevision und an der Debatte um Grundfragen unseres Staatswesens fördern können.

Zürich, im Januar 2000

Für die Herausgeber
Markus Notter

Vorwort

Dieses Jahr wird das Zürchervolk einen Verfassungsrat wählen, der die geltende Verfassung vom 18. April 1869 zum ersten Mal einer Totalrevision zu unterziehen hat. Die recht vielen Teilrevisionen haben an der Grundsubstanz des Textes von 1869 nur wenig geändert. Im Hinblick auf die Organisationsweise und auf die inhaltliche Arbeit des Verfassungsrates erscheint es als sinnvoll, das geistesgeschichtliche, politische, soziale und wirtschaftliche Umfeld zur Zeit der damaligen Verfassungsschöpfung zu beleuchten. Der Blick auf die Auseinandersetzungen um die zürcherischen Institutionen kann einerseits die Zeitbedingtheit des damals Geschaffenen aufzeigen, anderseits die heute noch tragenden und bleibenden Grundlagen der zürcherischen Demokratie sichtbar machen. Die vorliegende, quellenorientierte geschichtliche Betrachtung kann damit eine Orientierung für die Lösung heute anstehender und künftiger Probleme bieten.

Zürich, im Januar 2000   *Alfred Kölz*

Inhaltsübersicht

Der demokratische Aufbruch
des Zürchervolkes[1]

Allgemeines

Im Kanton Zürich stand anfangs der Sechzigerjahre immer noch die
Regenerationsverfassung von 1831 in Kraft; nur in wenigen Teilpunkten war diese etwas erneuert worden. Die liberalen Prinzipien des formalen Rechtsstaates der Dreissigerjahre, nämlich individuelle Freiheitsrechte, Gewaltenteilung und Parlamentsherrschaft, standen un-

[1] Ich danke meinem Assistenten Stefan G. Schmid für seine Mithilfe an dieser
     Publikation, insbesondere für die Erarbeitung von Kurzbiographien.
         Quellen: Protokolle des Verfassungsrates des eidgenössischen Standes Zürich 1868/69, Verhandlungsprotokoll des Verfassungsrates; Übersicht der bei
     der Kanzlei des Verfassungsrathes eingegangenen Vorschläge betreffend die Verfassungsrevision (Petitionen), Staatsarchiv des Kantons Zürich X 188 2a; III
     Aaa 2; Verhandlungsprotokoll der für Ausarbeitung eines Verfassungs-Entwurfes vom Verfassungsrathe niedergesetzten Kommission, 1868.
         Literatur: BÜTIKOFER-JOHANNI KURT, Die Initiative im Kanton Zürich, Bern
     1982; CRAIG GORDON A., Geld und Geist, München 1988; CURTI THEODOR, Geschichte der Schweizerischen Volksgesetzgebung, Zürich 1885; DÜNKI ROBERT,
     Verfassungsgeschichte und politische Entwicklung Zürichs 1814–1893, Zürich
     1990; FRITZSCHE BRUNO/LEMMENMEIER MAX U. A., Geschichte des Kantons Zürich, Bd. 3, Zürich 1994; FRITZSCHE HANS, Begründung und Ausbau der neuzeitlichen Rechtspflege des Kantons Zürich, Zürich o. J.; FUETER EDUARD, Die
     Schweiz seit 1848, Zürich 1928; GILG PETER, Die Entstehung der demokratischen Bewegung und die soziale Frage, Affoltern 1951; VON GREYERZ HANS,
     Der Bundesstaat seit 1848, in: Handbuch der Schweizer Geschichte, Bd. 2, Zürich 1977; GROSS ANDREAS/KLAGES ANDREAS, Die Volksinitiative in den Kantonen am Beispiel des Kantons Zürich, in: Les origines de la démocratie directe
     en Suisse (hrsg. von ANDREAS AUER), Genève 1996, S. 267 ff.; GRUNER ERICH,
     Die Parteien in der Schweiz, 2. A. Bern 1977; GUGGENBÜHL GOTTFRIED, Der Landbote 1836–1936, Winterthur 1936; HIS EDUARD, Geschichte des neueren Schweizerischen Staatsrechts, Bd. 3, Basel 1938; KÖLZ ALFRED, Neuere schweizerische
     Verfassungsgeschichte, Bern 1992; DERSELBE, Quellenbuch zur neueren schweizerischen Verfassungsgeschichte, Bd. I, Bern 1992 (bis 1848), Bd. II, Bern 1996
     (1848–1995); DERSELBE, Der Weg der Schweiz zum modernen Bundesstaat, Chur/
     Zürich 1998; KUMMER PETER, Der zürcherische Proporzkampf, Zürich 1969;
     MONNIER VICTOR, Rail et referendum dans les cantons de Neuchâtel, Vaud et
     Berne, Zeitschrift für Schweizerisches Recht 1997 I, S. 213 ff.; PEYER HANS

verändert in Geltung. Ein Mitwirkungsrecht an der Gesetzgebung stand dem Volk nicht zu, nachdem der Grosse Rat 1842 nach harter Debatte die Einführung des Vetos abgelehnt hatte.[2] Das Volk verfügte im Gegensatz zu den meisten anderen Kantonen noch nicht einmal über das Recht der Initiative auf Verfassungsänderung, das Artikel 6 der Bundesverfassung von den Kantonen verlangte und von den meisten vor oder nach 1848 eingeführt worden war.

Zürich hatte während der vorhergehenden Jahrzehnte eine starke industrielle Entwicklung erlebt, zunächst vor allem im Bereich der Textilindustrie. Aus dieser hatte sich dann eine bedeutsame Maschinenindustrie entwickelt. In den Sechzigerjahren arbeitete etwa die Hälfte der Erwerbstätigen in Industrie und Handel, ein Sechstel verrichtete Dienstleistungen und nur ein Drittel war noch in Land- und Forstwirtschaft tätig.[3] Auch der Kanton Zürich wurde von der Jahrhundertmitte an von einem eigentlichen Eisenbahnfieber erfasst. Das neue Transportmittel weckte grösste wirtschaftliche Hoffnungen, wurde bald zum Inbegriff des zivilisatorischen «Fortschrittes» und deshalb förderten es die Liberalen kräftig. Die von Alfred Escher[4] gegründete

CONRAD, Die Verfassungsrevision von 1869 und ihre Geschichte, in: Zürcher Taschenbuch auf das Jahr 1970, Zürich 1969; ROTHWEILER ALBERT, Die Artikel 23 und 24 der zürcherischen Staatsverfassung, Pfäffikon 1914; SCHAFFNER MARTIN, Die demokratische Bewegung der 1860er-Jahre, Basel 1981; STRÄULI HANS, Verfassung des eidgenössischen Standes Zürich vom 18. April 1869, Winterthur 1902; WIRTH FRANZ, Johann Jakob Treichler und die soziale Bewegung im Kanton Zürich, Basel 1981.

[2] KÖLZ, Verfassungsgeschichte (Anm. 1), S. 445 ff.

[3] Nähere Angaben bei SCHAFFNER (Anm. 1), S. 88.

[4] ALFRED ESCHER, 1819–1882. Stammte väterlicherseits aus altem, einflussreichem Rats- und Zunftgeschlecht der Stadt Zürich, mütterlicherseits aus dem St. Galler Patriziat. Dr. iur. 1844–1882 Mitglied des Grossen Rates bzw. des Kantonsrates, mehrmals dessen Präsident. Mehrmals Tagsatzungsabgeordneter. 1847/ 48 Erster Staatsschreiber. 1848–1855 Mitglied des Regierungsrates, mehrmals Bürgermeister bzw. Präsident des Regierungsrates. 1848–1882 Mitglied des Nationalrates, mehrmals dessen Präsident. 1853–1882 Leitung der Nordostbahn. 1856 Gründer der Schweizerischen Kreditanstalt, Verwaltungsratspräsident. Aufsichtsrat der 1857 gegründeten Schweizerischen Lebensversicherungs- und Rentenanstalt. 1871–1878 Direktionspräsident der Gotthardbahn. 1868 stürzte die Demokratische Bewegung das «System» des mit beispielloser Machtfülle ausgestatteten liberalen Wirtschaftsführers und Staatsmannes, der zeitweise eine geradezu diktatoriale Stellung einnahm.

und geleitete Nordostbahn entwickelte sich zu einem der wichtigsten wirtschaftlichen Faktoren des Kantons; durch ihre Linienführung wurden gewisse Regionen, so vor allem die Stadt Zürich, begünstigt, andere, so namentlich Winterthur, benachteiligt. Die ebenfalls von Escher gegründete Kreditanstalt sollte eine bessere und auslandunabhängige Finanzierung von Eisenbahnprojekten und von Industrieunternehmen ermöglichen und leitete die Entwicklung zu einer kapitalistisch organisierten Wirtschaft im Kanton ein. Auch das private Versicherungswesen begann sich zu entwickeln, Alfred Escher war auch Aufsichtsrat der neugegründeten Rentenanstalt. So brachten die politisch massgebenden Liberalen zunehmend wichtige Bereiche der zürcherischen Volkswirtschaft in ihre Hand. Unter der geschickten und äusserst tatkräftigen Leitung von Alfred Escher wurden in diesen Jahrzehnten die Grundlagen für die verkehrsmässige Erschliessung und industrielle Entwicklung Zürichs gelegt, welche diesem Kanton eine führende wirtschaftliche Stellung in der Schweiz verschaffen sollte. Der vom liberalen Rechtssystem bewirkte politische und wirtschaftliche Individualismus ermöglichte es den Liberalen, innert kurzer Zeit Veränderungen in Richtung des wirtschaftlich-technischen Fortschrittes zu bewirken. Das Verfassungsrecht wurde von Escher und seinen Mitstreitern oft nur als Instrument zugunsten ihrer Interessen betrachtet und verwendet, wie bereits deren Eingriffe in das Nationalratswahlrecht 1851 gezeigt hatten.[5]

Immer stärker bildete sich im Kanton Zürich ein dichtes Geflecht von liberalen Männern heraus, welche die Fäden in der Politik und in der Wirtschaft zogen. In der «Akademischen Mittwochsgesellschaft» Eschers wurden die wichtigsten Posten verteilt, im «Café littéraire» hielt der «Princeps» Hof. Escher selber bekleidete zum Teil miteinander, zum Teil nacheinander, die Ämter eines Grossratspräsidenten, Regierungsrates, Regierungspräsidenten, Nationalrates, Nationalratspräsidenten und die Funktionen des Präsidenten der Nordostbahn und der Kreditanstalt. Andere, von ihm abhängige Liberale, verbanden wirtschaftliche und politische Macht in ähnlich enger Weise. So wurden von einer Art Oligarchie mannigfache Chancen und Positionen an Leute vergeben, die sich in dieses von der demokratischen Opposition bald

---

[5] ERICH GRUNER, Die Wahlen in den Schweizerischen Nationalrat 1848–1919, Bern 1978, Bd. IA, S. 329 ff.

«System» genannte Beziehungs- und Machtgeflecht einfügten. In der politischen Zentralbehörde des «Systems», dem Grossen Rat, sassen zahlreiche Staatsbeamte, mehr vom Willen ihres Arbeitgebers als von jenem ihrer Wähler abhängig. Auch die Justiz, insbesondere das Obergericht, wurde ein Teil dieses «Systems»; der von den Liberalen beherrschte Grosse Rat wählte nur linientreue Juristen in diese Behörde, welche, manchmal in einer Haltung von «prätorischem Hochmut» (Simon Kaiser), eine diskrete Stützung des liberalen «Systems» bildete. Nicht von ungefähr richteten sich dann die ersten polemischen Angriffe der beginnenden Opposition in der Form der Pamphlete von Friedrich Locher[6] gegen den Präsidenten des Obergerichtes.

Faktisch wurde der Kanton Zürich in den Fünfziger- und Sechzigerjahren allein von der liberalen «Partei» regiert, wobei letztere mehr ein persönliches Beziehungsgeflecht von Honoratioren unterschiedlichen Gewichts als eine festgefügte Organisation war. Ihren Machtschwerpunkt hatten die Liberalen in der Stadt Zürich; eine Opposition existierte nur zeitweise und nur in schwachen Ansätzen. Den Arbeitnehmern waren nach dem 1844 verschärften Koalitionsgesetz Selbstorganisation und Streik verboten, eine Art zürcherische «Loi Le Chapelier»![7] Zwar hatte Johann Jakob Treichler[8] unter dem Einfluss von Ideen der französischen Frühsozialisten bereits im Jahre 1845 Elemente

---

6 FRIEDRICH LOCHER, 1820–1911. Dr. iur., Kantonsprokurator, aus altem Geschlecht der Stadt Zürich. Der Demagoge veröffentlichte 1866–1872 anonym sieben aufsehenerregende, gegen Alfred Escher und sein «System» gerichtete Pamphlete unter dem Titel «Die Freiherren von Regensberg». 1868 Mitglied des Verfassungsrates; Rücktritt nach der ersten Sitzung, da sich die Demokraten von ihm distanzierten. 1878 Gründer der «Zürcher Nachrichten». 1899 Umzug nach Paris, wo er auch verstarb.

7 Französisches Gesetz vom 14. Juni 1791, das den Arbeitern den Zusammenschluss (Koalition) und den Streik verbot, benannt nach dem Antragsteller in der Nationalversammlung, dem bürgerlichen Abgeordneten Le Chapelier.

8 JOHANN JAKOB TREICHLER, 1822–1906. Geboren in Richterswil als Sohn eines armen Kleinbauern und Heimwebers. Besuch des Lehrerseminars Küsnacht, Lehrer in Geroldswil, dann als Journalist tätig. Gab den «Boten von Uster» heraus, dessen Inhaber er bald wurde. Daneben Studium der Rechte, Rechtsanwalt. 1846 verunmöglichte ihm das Kommunistengesetz eine öffentliche und journalistische Tätigkeit. 1851 gründete er mit Karl Bürkli und anderen Grütlianern den Zürcher Konsumverein. Freimaurer. 1850 als erster Sozialist in den Grossen Rat gewählt. Mitglied des Zürcher Kantonsparlamentes mit Unterbrü-

einer sozial-demokratischen Politik zu verbreiten gesucht; das liberale Regime reagierte mit dessen Bespitzelung und mit Repression. Treichler gelang es jedoch im Herbst 1850 aufgrund seiner sozial-demokratischen Forderungen und entsprechender publizistischer Tätigkeit, in den Grossen Rat gewählt zu werden. Ein Jahr später gelang in einer Ersatzwahl auch Karl Bürkli[9] der Sprung in den Grossen Rat. Bürkli schöpfte aus den gleichen Quellen wie sein Freund Treichler, nämlich aus den Lehren der französischen Frühsozialisten:[10] Er hatte unter anderem die Lehren Fouriers[11] verinnerlicht. Dank seiner Bekanntschaft

chen bis 1905. Schwenkung zu den Liberalen Alfred Eschers und Entfremdung von den ehemaligen sozialistischen Kampfgefährten. 1852–1869 Mitglied des Nationalrates. 1856–1869 Mitglied des Regierungsrates, 1867–1869 dessen Präsident. 1868/69 Mitglied des Verfassungsrates. 1869–1871 Mitglied des Obergerichtes. 1872–1906 Professor der Rechte an der Universität Zürich, seit 1876 auch an der Eidgenössischen Technischen Hochschule.

9   KARL BÜRKLI, 1823–1901. Sohn eines hohen Militärs und Politikers aus altem Geschlecht der Stadt Zürich. Während seiner Wanderschaft als Gerbergeselle lernte er 1846 in Paris das sozialistische System von Charles Fourier kennen, welches er 1855 in die Tat umzusetzen versuchte, indem er an der Spitze einer Schweizer Auswanderergruppe zwecks Gründung von «Phalanstères» nach Texas auswanderte. Das Projekt scheiterte, Bürkli verlor dabei sein Vermögen. Ab 1858 wieder in Zürich, wo er sich von neuem dem von ihm 1851 ebenfalls zur Verwirklichung des Fourierismus mit anderen Grütlianern gegründeten Zürcher Konsumverein widmete. Bürkli hatte führenden Anteil an der Zürcher Demokratischen Bewegung. 1869–1899 mit Unterbrüchen Mitglied des Kantonsrates, nachdem er schon in den Fünfzigerjahren Mitglied des Grossen Rates gewesen war. Er setzte sich unter dem Einfluss der Schriften von Moritz Rittinghausen und Victor Considerant für die direkte Volksgesetzgebung und für die Proporzwahl ein, ebenso für die Schaffung einer Kantonalbank und die Förderung des Genossenschaftswesens. 1878 trennte er sich als Sozialdemokrat von den Demokraten. Verfasser zahlreicher politischer Kampfschriften, aber auch historischer Arbeiten.

10   Dazu KÖLZ, Verfassungsgeschichte (Anm. 1), S. 294 ff.

11   CHARLES FOURIER, 1772–1837. Französischer Sozialphilosoph. Als Vertreter eines utopischen Sozialismus Verfasser verschiedener Publikationen, in denen er eine Neuordnung der Gesellschaft auf der Basis und mit dem Ziel des Glücks, der Einheit und Harmonie entwickelte. Zu ihrer Realisierung forderte er autarke Lebensgemeinschaften von je 300 Familien und die Aufteilung des Staatsgebietes in autonome, agrarisch orientierte Genossenschaftsgebiete, sogenannte «Phalanstères». Versuche, den Fourierismus in Texas zu verwirklichen, scheiterten. Grosser Einfluss auf Karl Bürkli.

mit dessen Schüler, Victor Considerant[12], wich Bürkli von der dirigistischen Linie Fouriers ab und vertrat in der Schweiz einen demokratisch orientierten Sozialismus. Bürkli gründete 1851 den «Zürcher Konsumverein», welcher den ärmeren Bevölkerungsschichten zu günstigen Lebensmitteln verhelfen sollte. Im Grossen Rat versuchte er zusammen mit Treichler, die wirtschaftlich-sozialen und politischen Forderungen durchzusetzen. Was erstere betrifft, so sollte der Staat die auf Selbsthilfe angelegten Genossenschaften fördern; ferner sollte er die Progressivsteuer sowie eine Erbschaftssteuer einführen und gleichzeitig alle indirekten Steuern und Gebühren abschaffen. Es sollte eine Kantonalbank gegründet, die Militärausrüstung unentgeltlich abgegeben, die Auswanderung staatlich unterstützt und ein Arbeiterschutzgesetz erlassen werden. Ferner verlangten sie Verbesserungen im Schulwesen, unter anderem eine bessere Ausbildung und Besoldung der Lehrer; die Schüler sollten die Schule unentgeltlich besuchen dürfen. Schliesslich wurde die Forderung nach Abschaffung der Todesstrafe erhoben und eine Gefängnisreform postuliert, um den Strafvollzug im Sinne der Besserung der Täter auszugestalten. Was politisch-verfassungsrechtliche Forderungen betraf, so wünschten Treichler und Bürkli die Einführung der Volksinitiative auf Totalrevision der Verfassung, das Gesetzesveto oder das Referendum und das Abberufungsrecht des Parlamentes durch das Volk. Treichler postulierte ferner die Ausrichtung einer Entschädigung für Parlamentarier, die Abschaffung der noch bestehenden indirekten Wahlen und das Recht von Petitionären, ihre Begehren vor dem Grossen Rat persönlich vertreten zu dürfen.

Alle diese Forderungen von zwei Aussenseitern waren in Anbetracht der erdrückenden Mehrheit der Liberalen im Grossen Rat chan-

---

[12] VICTOR CONSIDERANT, 1808–1893. Herausgeber und Redaktor, Publizist und Politiker. Freimaurer. 1848 Mitglied der französischen Nationalversammlung. Considerant unterschied als bedeutendster Schüler von Charles Fourier wie dieser zwischen Arbeit, Kapital und Talent: Diese drei Elemente suchte er in den «Phalanstères» in Harmonie zu vereinigen. Considerant setzte sich unter anderem auch gegen stehende Truppen und für direkte Volksgesetzgebung ein; er hatte über Karl Bürkli Einfluss auf die Zürcher Demokratische Bewegung. Verfechter der Proporzwahl. Er starb mittellos in Paris. Considerant veröffentlichte viele kleine Schriften, darunter «La solution, ou le gouvernement direct du peuple» (1850).

cenlos. Dies änderte auch nicht, als die sozial-demokratische «Partei» Treichlers und Bürklis bei den 1854 stattfindenden Grossratswahlen ungefähr 15 Sitze von insgesamt 235 erzielte; zudem setzte bald ihr Niedergang ein. Karl Bürkli resignierte in der Folge und wanderte nach Texas aus, um dort unter der Leitung Victor Considerants eine fourieristische «Phalanstère» aufzubauen.[13] Johann Jakob Treichler seinerseits liess sich im Herbst 1856 mit Unterstützung oder gar auf Betreiben Alfred Eschers in den Regierungsrat wählen; so von den Liberalen in ihr «System» eingebunden, gab er opportunistisch seine früheren Ideen preis. Insgesamt kann das Wirken der beiden und ihrer Mitstreiter als «frühdemokratische Bewegung» angesehen werden, von der eine gewisse Kontinuität zur eigentlichen Demokratischen Bewegung der Sechzigerjahre führt, dies sowohl von den Forderungsinhalten als auch den beteiligten Personen her: Fast alle der von Treichler und Bürkli erhobenen Forderungen sollten im Zürcher Verfassungsrat 1867–1869 behandelt und ein Teil davon in die Verfassung aufgenommen werden. Einige Mitstreiter Treichlers und Bürklis sollten dann in der Demokratischen Bewegung eine führende Stellung einnehmen, so insbesondere Johann Caspar Sieber[14], Hans Rudolf Zangger[15] und Friedrich Locher.[16]

[13] KÖLZ, Verfassungsgeschichte (Anm. 1), S. 298.

[14] JOHANN CASPAR SIEBER, 1821–1878. Geboren in Seebach als dritter von sieben Söhnen eines Bauern. Besuch der Industrieschule in Zürich und des Lehrerseminars Küsnacht, dort nachhaltige Beeinflussung durch dessen Direktor Ignaz Thomas Scherr. Sekundarlehrer in Wetzikon, wo er seine Schüler kräftig gegen die «Aristokraten, Pfaffen und Zopfbürger» aufwiegelte, was ihm 1843 ein fünfjähriges Berufsverbot im Kanton Zürich eintrug. Lehrer in Murten, Gründer der Zeitung «Wächter». 1850–1869 Sekundarlehrer in Uster, 1865 Gründer des «Unabhängigen». 1854–1869 Mitglied des Grossen Rates. 1868/69 Mitglied des Verfassungsrates. 1869–1878 Mitglied des Regierungsrates. Ausarbeitung eines sehr fortschrittlichen Unterrichtsgesetzes, das 1872 in der Volksabstimmung mit deutlicher Mehrheit abgelehnt wurde.

[15] HANS RUDOLF ZANGGER, 1826–1882. Geboren in Mönchaltorf als Sohn eines Kleinbauern. Tierarzt, 1849 Lehrer an der Tierarzneischule in Zürich, 1856 deren Direktor. 1869 eidgenössischer Oberpferdearzt, 1879 Oberst. 1862–1878 Mitglied des Kantonsrates, 1867 Haupredner an der Volksversammlung in Uster. 1866–1875 Mitglied des Nationalrates. 1875–1878 Mitglied des Ständerates. 1875 Bürger von Zürich.

[16] Dazu WIRTH (Anm. 1), S. 244 f.

Ein weiterer Vorläufer der eigentlichen Demokratischen Bewegung zeigte sich 1863 aus Anlass eines Beschlusses des Regierungsrates, zu prüfen, ob eine Verfassungsrevision einzuleiten sei und ob dies am besten in der Form einer Total- oder einer Partialrevision geschehen solle.[17] In einem Rundschreiben warf die Direktion für politische Angelegenheiten eine Reihe von Fragen zu einer solchen Revision auf, welche nur wenige und eher untergeordnete Revisionspunkte betrafen. Wohl zur Überraschung des Regierungsrates setzte jedoch in zahlreichen lokalen Versammlungen und Zeitungen eine breite Diskussion auch über machtmässig zentrale Revisionsfragen ein, welche im amtlichen Fragenkatalog gar nicht aufgeworfen worden waren: Es gingen insbesondere Vorschläge für die Änderung des Wahlverfahrens für den Grossen Rat ein; viele Eingaben befassten sich mit Fragen von Steuern und Abgaben; es wurde ferner die Einführung des Volksrechts auf Initiative für die Revision der Verfassung und, vereinzelt, die Einführung des Veto verlangt. Auch die grosse Zahl der Staatsbeamten im Grossen Rat wurde beanstandet. Diese ansatzweise Politisierung des Zürchervolkes legte sich dann wieder, weil Regierungsrat und Grosser Rat nun eine kleine Verfassungsrevision vorbereiteten, welche insgesamt sieben Punkte umfasste. Nur ein einziger davon barg indessen die Möglichkeit, die Macht des Systems in Frage zu stellen, und bezeichnenderweise handelten hier die Behörden auch auf Druck des Bundesrates. Dieser wollte nun die von Artikel 6 der Bundesverfassung von den Kantonen verlangte Verfassungsinitiative auch im Kanton Zürich verwirklicht sehen: Es sollten künftig 10'000 Stimmberechtigte das Recht erhalten, eine Totalrevision der Verfassung zu verlangen; gleichzeitig wäre darüber abzustimmen, ob die Revision durch den Grossen Rat oder einen besonderen Verfassungsrat vorzunehmen sei. Am 15. Oktober 1865 nahmen die Stimmberechtigten diese wichtige Änderung der Verfassung samt den anderen sechs unbedeutenderen an.

Von jetzt an nahm die Politisierung im Volk nicht mehr ab. Im Frühjahr 1866 erschien in Bern anonym eine vom Zürcher Juristen Friedrich Locher verfasste Schmähschrift «Die Freiherren von Regensberg», in welcher in einer Mischung von Wahrheit und Verleumdung ein lo-

---

[17] Dazu und zum folgenden SCHAFFNER (Anm. 1), S. 30 ff.

kaler Zürcher Richter angegriffen wurde, aber auch auf bedenkliche Zustände in der zürcherischen Rechtspflege aufmerksam gemacht wurde. Diese Schrift führte zu verstärktem Misstrauen gegenüber dem «System». Weitere Pamphlete Lochers sollten folgen und brachten Bewegung in das Volk, ähnlich der Agitation von Christoph Rolle[18] in Baselland. Die steigende Politisierung des Volkes zeigte sich nun auch an der Wahlbeteiligung: Im Herbst 1866 betrug diese im ersten Wahlgang der Nationalratswahlen durchschnittlich 60,9 Prozent, während sie noch drei Jahre zuvor nur 18,9 Prozent betragen hatte. In einem Wahlkreis betrug sie nicht weniger als 92 Prozent![19] Es wurden im Herbst 1866 bei insgesamt 13 Zürcher Nationalratssitzen bereits vier Kandidaten der sich nunmehr formierenden demokratischen Opposition gewählt, darunter die später prominenten Führer Johann Jakob Sulzer[20], Hans Rudolf Zangger und Friedrich Scheuchzer[21]. Die sich

[18] CHRISTOPH ROLLE, 1806–1870. Basellandschaftlicher Politiker. Zuerst Lehrer in Muttenz und Liestal und Geschäftsmann. 1854–1858 Mitglied des Landrates. Ab 1858 Kampf für die Einführung des obligatorischen Gesetzesreferendums in der Kantonsverfassung, was ihm den Übernamen «Revisionsgeneral» eintrug. 1863–1866 führte er als Mitglied des Regierungsrates ein ausgesprochenes Parteiregiment. Gründer der Kantonalbank.

[19] Zahlen bei SCHAFFNER (Anm. 1), S. 40 f.

[20] JOHANN JAKOB SULZER, 1821–1897. Stammte aus altem Ratsgeschlecht der Stadt Winterthur, aber nicht aus dem Zweig der Maschinenindustriellen. 1847 Zweiter und 1848 Erster Staatsschreiber. 1850–1884 Mitglied des Grossen Rates bzw. des Kantonsrates. 1852–1857 Mitglied des Regierungsrates. 1858–1873 Stadtpräsident von Winterthur. 1868/69 Präsident des Verfassungsrates. 1866–1869 und 1879–1890 Mitglied des Nationalrates. 1869–1878 Mitglied des Ständerates, 1876 dessen Präsident. Haupt der Zürcher Demokraten und persönlicher Feind Alfred Eschers. Mitgründer verschiedener Banken und der Nationalbahn.

[21] FRIEDRICH SCHEUCHZER, 1828–1895. Stammte aus altem Rats- und Zunftgeschlecht der Stadt Zürich. Dr. med., Arzt. Redaktor und Verleger der «Bülach-Dielsdorfer Wochenzeitung». Einer der Führer der Zürcher Demokraten, auf dem äussersten linken Flügel der Partei. 1864–1895 Mitglied des Grossen Rates bzw. des Kantonsrates. Setzte sich 1867 für die Herabsetzung des Salzpreises ein, weshalb er als «Salzkönig» bekannt wurde. 1866–1895 Mitglied des Nationalrates. 1874–1895 Mitglied des Bezirksgerichtes Bülach, 1874–1882 dessen Präsident. Vorkämpfer der Eisenbahnbestrebungen des Zürcher Unterlandes. Verfasste unter anderem Werke über seinen Freund Salomon Bleuler und über seinen Vetter Gottfried Keller: «Salomon Bleuler» (1887), «Das Testament Gottfried Kellers» (1892).

im «Landboten» immer deutlicher kristallisierende demokratische Opposition wurde Ende 1866 durch den Eintritt des wissenschaftlich gebildeten Publizisten Friedrich Albert Lange[22] in die Redaktion noch verstärkt. Im Volk verstärkten sich gleichzeitig die Zweifel am Reformwillen des liberalen Regimes, was sich in der Kantonalbankfrage zeigte: Johann Jakob Keller[23] hatte Ende Oktober 1866 mit 90 gegen 80 Stimmen im Grossen Rat eine Motion auf Errichtung einer Staatsbank durchgebracht. Deren verzögerliche Behandlung durch eine vom Regierungsrat eingesetzte Expertenkommission und die schliessliche Ablehnung einer solchen Neugründung durch den Grossen Rat trug im Frühjahr und Sommer 1867 – gleich wie die Ablehnung der Senkung des für die Landwirtschaft zentralen Salzpreises sowie anderer Anliegen – zu weiterer Erhöhung der politischen Spannung bei. Im frühen Herbst des gleichen Jahres veröffentlichte Locher als Fortsetzung seines ersten Pamphletes drei weitere und schärfere, vor allem gegen den amtierenden Obergerichtspräsidenten gerichtet. Wenn auch die Bedeutung der Agitation Lochers nicht überschätzt werden darf, so war sie doch ein wichtiger äusserer Anlass zur Mobilisierung breiter Volkskreise auf dem Boden schwerwiegender wirtschaftlicher, so-

---

[22] FRIEDRICH ALBERT LANGE, 1828–1875. Sein Vater wurde als Professor der Theologie an Stelle von David Friedrich Strauss an die Universität Zürich berufen. Dr. phil., Theologe und Philosoph. Frühsozialist, einer der bedeutendsten Vertreter der schweizerischen Demokraten. 1866–1870 Redaktor und Mitinhaber des Winterthurer «Landboten», 1868 Bürger von Winterthur. 1868/69 einflussreiches Mitglied des Verfassungsrates. 1870–1872 Mitglied des Kantonsrates und Professor der Philosophie an der Universität Zürich, 1873–1875 Professor an der Universität Marburg (Hessen). Von entscheidendem Einfluss auf das Denken der Demokraten in der Schweiz war sein Hauptwerk «Geschichte des Materialismus» (1866).

[23] JOHANN JAKOB KELLER, 1823–1903. Geboren in Fischenthal als Sohn eines Kleinbauern und Heimwebers, der sich später zum Tuchhändler und Fabrikherrn emporarbeitete. 1863 Gründer einer Spinnerei in Gibswil. 1850–1855 Gemeindepräsident in Fischenthal. 1854–1872 Mitglied des Grossen Rates bzw. des Kantonsrates. 1856–1866 Mitglied des Bezirksgerichtes Hinwil, 1874–1891 Mitglied des Handelsgerichtes. 1868/69 Mitglied des Verfassungsrates und der «35er Kommission». Hauptinitiant der Gründung einer Kantonalbank für den Finanzbedarf der Landbevölkerung, was ihm den Übernamen «Bankvater» eintrug. 1869–1899 Bankrat der Zürcher Kantonalbank. Mitgründer und Verwaltungsrat der Tösstalbahn. 1869–1893 Mitglied des Nationalrates.

zialer und politischer Probleme. Eine Mobilisierungswirkung übte gewiss auch die im Sommer 1867 in der Stadt Zürich ausbrechende Choleraepidemie aus, der 499 Menschen zum Opfer fielen. Sie dürfte vor allem soziale Beweggründe für eine politische Umgestaltung ausgelöst haben, denn es hatte sich gezeigt, dass die meisten Opfer der Epidemie in den armen, hygienisch schlechte Wohnbedingungen aufweisenden Quartieren gewohnt hatten.[24]

Die zürcherische Wirtschaft hatte in den Fünfzigerjahren und in der ersten Hälfte der Sechzigerjahre einen eigentlichen Wachstumsschub erlebt. Von Ende 1864 an brach indessen eine wirtschaftliche Krise aus, die sich in Kapitalmangel, steigenden Zinsen, Bodenverschuldung und sinkenden Exporten für Textilprodukte äusserte. Diese Krise liess die Zahl der Konkurse im ganzen Kanton massiv ansteigen, um zwischen 1865 und 1867 eine vorher nie bekannte Höhe zu erreichen.[25] Diese wirtschaftliche Situation hat gewiss ebenfalls zur Mobilisierung der Bevölkerung gegen das Regime und für zahlreiche Verfassungs- und Gesetzesänderungen beigetragen. Dies zeigt sich gut an den zahlreichen Petitionen mit wirtschaftlicher und sozialer Stossrichtung, welche nach der Wahl des Verfassungsrates eingereicht wurden. Es ist anzunehmen, dass viele der nun politisch wachgewordenen Bürger erkannten, dass die Reformunwilligkeit des Grossen Rates in wirtschaftlichen und sozialen Fragen mit der elitären Staatsleitung zusammenhing. Es war daher naheliegend, solche Fragen in enge Verbindung mit politisch-verfassungsrechtlichen zu bringen, was dann in den Petitionen auch getan wurde. Eine wichtige Erklärung für die immer stärkere Mobilisierung bildet gewiss die durch die wirtschaftliche Krise ab 1864 verstärkte Bereitschaft vieler Bürger zur «Wahrnehmung» der Folgen des Wachstumsschubes in der zürcherischen Wirtschaft der Fünfziger- und frühen Sechzigerjahre.[26] Die Krise hat den vom Wachstumsschub nicht Begünstigten die Augen für die Einseitigkeit und soziale Ungerechtigkeit des «Systems» Escher geöffnet: Gewiss viele, welche unter dem Eindruck der Krise nun die Karrieren und wirtschaftlichen Erfolge von Leuten betrachteten, die sich in den

---

[24] SCHAFFNER (Anm. 1), S. 162 ff.

[25] SCHAFFNER (Anm. 1), S. 127.

[26] SCHAFFNER (Anm. 1), S. 181 ff., 197.

Dienst des «Systems» gestellt hatten, wurden sich nun ihrer eigenen, wirtschaftlich schwierigeren Situation stärker bewusst. Daraus zogen sie Folgerungen für das Ganze. Dabei war der Boden für verfassungsrechtliche, wirtschaftliche und soziale Reformen weitgehend vorbereitet: Die frühdemokratische Bewegung Treichlers im eigenen Kanton, die Verfassungsbewegung im Kanton Solothurn von 1856, die Demokratische Bewegung im Kanton Baselland 1863 sowie die demokratischen Strömungen im Zusammenhang mit Eisenbahnproblemen in den Kantonen Neuenburg, Waadt und Bern[27] lieferten viel Reformstoff.

Vor allem aber hatte im Kanton Zürich im Gegensatz zu fast allen anderen 1831 regenerierten Kantonen noch keine «Generalbereinigung» des Verfassungs- und Rechtssystems stattgefunden: Nicht im Ansatz war im Kanton Zürich das geschehen, was die radikalen Veränderungsschübe etwa im Kanton Waadt 1845, in Bern 1846, in Genf 1847, im Aargau 1852 und in Solothurn 1856 an Bereinigungen und Neuerungen bewirkt hatten. In Zürich stand 1865 im wesentlichen immer noch die altliberale Ordnung von 1831 in Geltung und die Macht wurde immer noch im Stil jener Zeit ausgeübt. Auch die an der Universität Zürich vertretene Wissenschaft stand ganz im Banne eines statischen Alt-Liberalismus: Soweit damals innerhalb der sogenannten «Staatswissenschaften» überhaupt Wirtschaftsfragen behandelt wurden, so wurde von Seiten der Professoren strikte die Lehre vom Staat als reinem Ordnungsgarant und dessen Nichtintervention in die Wirtschaft gelehrt. Staatsrechtlich vertrat man an der Universität das reine Repräsentativprinzip und lehnte jede Form direkter Beteiligung des Volkes an Gesetzgebung und Verwaltung ab. Es ist daher bezeichnend, dass kurz nach dem Machtwechsel 1869 die demokratische Regierung den Berner Professor und Demokraten Gustav Vogt[28] gegen den Wil-

---

[27] MONNIER (Anm. 1).

[28] GUSTAV VOGT, 1829–1901. Stammte aus einer aus Deutschland eingewanderten Gelehrtenfamilie, die sich im bernischen Erlach einbürgerte. Dr. iur., ab 1853 Rechtsanwalt in Bern, Mitarbeiter Jakob Stämpflis und 1850–1854 Redaktor der «Berner Zeitung». 1856–1860 Staatsanwalt des Berner Mittellandes. 1860–1862 Direktor des Eidgenössischen statistischen Büros. 1862–1870 Professor für Staatsrecht an der Universität Bern, 1869/70 deren Rektor. 1870–1901 erster Professor für «demokratisches» Staatsrecht an der Universität Zürich, 1876–1878 deren Rektor. 1872–1881 Mitglied des Kantonsrates. 1878–1885 Chefre-

len der Fakultät zum Professor für «demokratisches» Staatsrecht wählte![29]

In Zürich war also eine Reform der altliberalen Verfassungsordnung von 1831 überfällig, ja vielleicht noch dringlicher als in anderen Kantonen, denn kein anderer Regenerationskanton hatte seither eine derart rasante industrielle Entwicklung erlebt. Der soziale Aufbau der Bevölkerung wurde dadurch im Kanton Zürich so stark verändert, dass hier erstmals in der Schweiz Ansätze einer eigentlichen Arbeiterbewegung auftraten.

Der Kanton Zürich hatte in der Zeit zwischen 1831 und 1867 nur eine einzige tiefergehende politische Umwälzung erlebt, nämlich den «Züriputsch» 1839. Es ist nun bezeichnend, dass die in den damaligen Petitionen sichtbaren Forderungen wirtschaftlicher, sozialer und teilweise auch politischer Art[30] dreissig Jahre später teilweise fast wörtlich erneut erhoben wurden, also sozusagen den Grundstock zahlreicher Postulate von 1867 bildeten, denn jene kirchlich-konservative Reaktion von rechts hatte 1839 zu keiner echten Staatsreform geführt. Schon damals waren demokratische und egalitäre Forderungen vorgetragen worden. Die Ausbildung des oligarchische Züge aufweisenden grossbürgerlichen «Systems» Escher liessen solche Forderungen, die zu einem erheblichen Teil auch solche eines schlichten Gerechtigkeitsempfindens waren, in den Sechzigerjahren als noch legitimer erscheinen. Dieser Aspekt eines Reformstaus liefert eine weitere, mindestens ebenso deutliche Erklärung für die enorme Stosskraft der Zürcher Demokratischen Bewegung wie die vorher dargelegten – anderen – Deutungsversuche. Und schliesslich lebte in den Sechzigerjahren der Stadt-Land Gegensatz wieder auf, wie er in der Helvetik und in der Regenerationszeit virulent gewesen war: Weil die liberale Wirtschaftspolitik Eschers auf die Hauptstadt Zürich konzentriert war, insbesondere in

daktor der «Neuen Zürcher Zeitung». Danach erneut Lehrtätigkeit an der Universität Zürich. 1868 Beteiligung an der Friedensbewegung anlässlich des internationalen Friedenskongresses in Bern. Sein Hauptwerk war das «Handbuch des schweizerischen Bundesrechts» (1860).

[29] DIETRICH SCHINDLER, in: Festschrift zum 70. Geburtstag von Hans Nef, Zürich 1981, S. 283 ff.

[30] KÖLZ, Verfassungsgeschichte (Anm. 1), S. 412 ff.

bezug auf die Eisenbahn, fühlten sich Winterthur und viele Landgebiete benachteiligt. Dazu kam noch ein weiterer, mehr emotionaler Aspekt: Die grossbürgerliche liberale Elite führte dank ihres erworbenen Reichtums in der Hauptstadt Zürich ein aufwendiges gesellschaftliches und kulturelles Leben.[31] Dieser den meisten verschlossene Glanz der Hauptstadt mochte bei vielen ungute Erinnerungen an die überwunden geglaubte Zeit des Ancien Régime und der Restauration hervorrufen, wie überhaupt die liberale Elite – europaweit – als die mit Macht und Geld ausgestatteten neuen Herren in mancher Hinsicht Verhaltensweisen ihrer aristokratischen Vorgänger übernahmen.

Entstehung und Wirkungen der Zürcher Demokratischen Bewegung sind also auf viele und verschiedenartige Gründe in komplexer Verbindung miteinander zurückzuführen. Monokausale Erklärungen geschichtlicher Vorgänge treffen nie die ganze Wahrheit, und auch dieser können sich die Historiker trotz weitgefasster Erklärungen immer nur annähern.

In der zweiten Hälfte des Novembers 1867 nahmen die Reformbestrebungen einen stürmischen Verlauf. Erste Volksversammlungen wurden abgehalten, so namentlich jene im Winterthur vom 22. November. Dort wurde unter der Führung von Salomon Bleuler[32] das später richtungweisende Reformprogramm, das «Landbotenprogramm» beschlossen. Ferner wurde für den Sonntag, den 15. Dezember, die Durchführung von «Landsgemeinden» in Zürich, Uster, Winterthur und Bülach beschlossen, wozu der «Landbote» in seiner Ausgabe vom 11. Dezem-

---

[31] CRAIG (Anm. 1), S. 155 ff.

[32] SALOMON BLEULER, 1829–1886. Geboren und aufgewachsen in einfachen Verhältnissen in Zürich. Studium der Theologie, Pfarrer in Glattfelden. 1858 Mitgründer der «Männerhelvetia» mit Jakob Stämpfli. 1860–1886 mit Unterbrüchen Chefredaktor des von ihm erworbenen Winterthurer «Landboten». Mit seinem Eintritt in die Redaktion des «Landboten» begann die Opposition gegen das «System Escher». 1873–1878 Redaktor des «Grütlianer». 1865–1879 Mitglied des Grossen Rates bzw. des Kantonsrates, 1871 dessen Präsident. 1868/69 Mitglied des Verfassungsrates, beträchtlicher Anteil an der Entstehung des Genossenschafts- und Arbeiterschutzartikels 23 der Verfassung. Einer der Führer der Zürcher Demokraten, Förderer gemeinnütziger und kultureller Werke. 1869–1884 Mitglied des Nationalrates. 1873–1874 Stadtschreiber und 1875–1877 Stadtpräsident von Winterthur. Beim Konkurs des Nationalbahnprojekts verlor er sein gesamtes Vermögen. Schwager von Gottlieb Ziegler.

ber einlud. Unter geschickter Anknüpfung an den liberalen Ustertag von 1830 wurde vom demokratischen Fünfzehnerkomitee zuhanden der vier Landsgemeinden das Revisionsprogramm vorgelegt. Dieses Fünfzehnerkomitee kann als vorläufige Leitung einer in Entstehung begriffenen politischen Partei angesehen werden. Die meisten der im Verfassungsrat und in der späteren demokratischen Politik massgebenden Führer waren in ihm vertreten, so namentlich Hans Rudolf Zangger, Salomon Bleuler, Johann Jakob Keller, Johann Caspar Sieber, Friedrich Scheuchzer, Karl Walder[33], Johann Jakob Sulzer und, als Arbeitervertreter, der Frühsozialdemokrat Karl Bürkli. Das vom Fünfzehnerkomitee verfasste Revisionsprogramm umfasste sechs Abschnitte, welche folgende Forderungen enthielten:

1. «Schwächung des Einflusses der Regierungsgewalt, der Beamten- und Geldherrschaft auf die Gesetzgebung durch Erweiterung der Volksrechte.» Folgende Verfassungsänderungen wurden zu diesem Zweck verlangt: Das Recht, den Grossen Rat abzuberufen oder dessen lediglich zweijährige Amtsdauer, das Gesetzesreferendum, die Gesetzesinitiative für 5000 Bürger, der Ausschluss der Beamten aus dem Grossen Rat, die Beseitigung der indirekten Grossratswahlen und der Lebenslänglichkeit der Ämter.

2. «Hebung der Intelligenz und Produktivkraft des Landes.» Zu diesem Zweck wurden folgende Forderungen gestellt: Ausbau der Volksschule, gerechtere Verteilung der Staats- und Gemeindelasten nach Massgabe der wirklichen Steuerkraft aller Privaten und Gesellschaften, die Einführung der Erbschaftssteuer und die Beseitigung der indirekten Abgaben, die unentgeltliche Ausrüstung der Wehrmänner, die Schaffung einer Kantonalbank, die Revision des Strassengesetzes und die staatliche Förderung des übrigen Verkehrswesens.

---

[33] KARL WALDER, 1821–1898. Geboren in Unterstrass als Spross eines alten Bauerngeschlechtes von Oetwil im Zürcher Oberland. 1847 Regierungssekretär. 1866 Mitglied des Bezirksgerichtes Zürich. 1868/69 Mitglied des Verfassungsrates. 1869–1893 Mitglied des Regierungsrates. Bekannt als Kommandant. 1893–1898 Mitglied des Kantonsrates.

3. «Vereinfachung des Verwaltungsorganismus.» Hiefür wurde die Verminderung der Zahl der Beamten und die Hebung der Gemeindefreiheit verlangt.

4. «Verbesserung des Gerichtswesens und Vereinfachung des Justizganges.» Dazu wurde die Einführung der Ziviljury, die Abschaffung der Todesstrafe, die Beschränkung der Befugnisse des Staatsanwaltes gefordert. Ferner die Abschaffung des Sportelnwesens und Einführung von fixen Besoldungen nach Massgabe der Geschäftslast, die Freigabe der Advokatur sowie die Beseitigung des Gesetzes betreffend die Geschäftsagenten.

5. «Gründliche Revision des Schuldbetreibungs- und Notariatswesens; Aufhebung der entehrenden Folgen unverschuldeter Zahlungsunfähigkeit.»

6. «Freie Presse und uneingeschränktes Vereinsrecht.» Es wurde hiezu die Aufhebung der Amtsehre, die Aufhebung des Polizeigesetzes betreffend Handwerksgesellen, Arbeiter und Dienstboten aus dem Jahre 1844 – «Maulkratten»- oder Koalitionsgesetz – sowie des Kommunistengesetzes von 1846 gefordert.

Bereits vor den vorgesehenen vier Landsgemeinden wurde mit der Unterschriftensammlung für die Totalrevision der Verfassung begonnen, und der «Landbote» konnte noch vor dem 15. Dezember mitteilen, die notwendige Zahl von 10'000 Unterschriften sei bereits überschritten.

Die vier Versammlungen wurden trotz nassem und kaltem Wetter ein grosser Erfolg der Demokraten; der «Landbote» schätzte die Zahl aller Teilnehmer auf ungefähr 20'000 Bürger, was einem knappen Drittel aller Stimmberechtigten entsprach! Alle vier Versammlungen gingen, auch nach der Beschreibung der die Bewegung ablehnenden Neuen Zürcher Zeitung, ruhig und ohne jede Gewalttätigkeit vonstatten, wie sich die ganze Demokratische Bewegung des Kantons Zürich überhaupt ohne Rechtsbruch abspielte, wenn man von Ehrverletzungen absieht. Um Ehrverletzungsprozesse zu finanzieren, schuf man schon zu Beginn eine gemeinsame Kasse! Die bemerkenswerte Disziplin dürfte in erster Linie auf die seit den Dreissigerjahren verbesserte Schulung breiter Volkskreise, auf die besonnene Leitung der Volksversammlungen und auf die Teilnahme vieler Lehrer, Landwirte, Handwerker, Beamter, Pfarrer, Kleinunternehmer und Ärzte zurückzuführen sein.

Zwar wurde auch die Zürcher Demokratische Bewegung hauptsächlich vom mittleren und kleinen Bürgertum getragen; anders als in Baselland einige Jahre zuvor, stand ihr jedoch eine breite Schicht gebildeter Persönlichkeiten für Organisations- und Leitungsaufgaben und insbesondere für die hochstehenden Verfassungsratsverhandlungen zur Verfügung.

Insgesamt konnten 26'349 Unterschriften für eine Totalrevision der Verfassung gesammelt werden. Die Volksabstimmung fand nach heftigem Meinungskampf am 26. Januar 1868 statt. Von 65'382 Stimmberechtigten, bei einer Einwohnerzahl von ungefähr 280'000, beteiligten sich deren 59'125 (90%). Für die Revision stimmten 50'786 (86%), dagegen 7374 (12%). Für die Einsetzung eines Verfassungsrates stimmten 47'864 (81%), für die Revision durch den Grossen Rat 10'060 (17%). Die Wahl des Verfassungsrates wurde für den März 1868 festgelegt. Der Grosse Rat und der Regierungsrat konnten nach dieser Volksabstimmung keinen Einfluss mehr auf wichtige politische Entscheidungen ausüben. Sie waren nur noch rein administrativ tätig.

Von Ende Februar 1868 an begannen einzelne politische Gruppierungen und Behörden, Petitionen an den künftigen Verfassungsrat zu richten. Dieser forderte nach seinem Zusammentritt noch ausdrücklich dazu auf. Eine grosse Zahl von Petitionen wurde in der Folge eingereicht; alle Themenbereiche, welche im Verfassungsrat diskutiert werden sollten, waren in diesen Petitionen behandelt worden.

Die Konstituierung des Verfassungsrates und die Petitionen

Das Volk wählte bis Ende März 1868, in vielen Wahlkreisen erst nach zwei oder drei Wahlgängen, 222 Verfassungsräte. Ungefähr zwei Drittel von ihnen konnten zu den Demokraten, ein Drittel zu den Liberalen gezählt werden. Der Verfassungsrat hatte indessen nach geltender Verfassung selber noch 13 Mitglieder hinzuzuwählen; er machte von diesem Recht so Gebrauch, dass die demokratische Mehrheit noch verstärkt wurde. Bei einigen der insgesamt 235 Verfassungsräte konnte man im übrigen nicht genau sagen, ob sie der demokratischen oder der liberalen Richtung zugehörten. Zwei Verfassungsräte, nämlich Karl

Bürkli und August Krebser[34], standen deutlich links von den Demokraten und können als frühe Sozial-Demokraten bezeichnet werden. Rechts der Liberalen standen wenige Konservative, als prominentester der Historiker Georg von Wyss[35]. Der Pamphletist Friedrich Locher war zwar vom Volk in den Verfassungsrat gewählt worden, trat jedoch sofort zurück, nachdem er erkennen musste, dass ihm die Demokraten eine führende Stellung im Rat verweigern würden.

Der Verfassungsrat trat am 4. Mai 1868 zu seiner konstituierenden Sitzung zusammen. Nach der Vornahme der indirekten Wahlen wählte er den Winterthurer Stadtpräsidenten Johann Jakob Sulzer zu seinem Präsidenten, Ludwig Forrer[36] zu seinem Ersten und den Dichter und Staatsschreiber Gottfried Keller[37] zum Zweiten Sekretär. Der Rat er-

---

[34] AUGUST KREBSER, *1837. Schneider. Sozialdemokrat. 1868/69 Mitglied des Verfassungsrates und der «35er Kommission».

[35] GEORG VON WYSS, 1816–1893. Geboren in Zürich als Sohn des Bürgermeisters David von Wyss dem Jüngeren. Studium der Mathematik und Physik. Nach dem «Züriputsch» von 1839 Hinwendung zur Politik und Geschichte: 1841 Sekretär des Grossen Rates. 1843–1847 Zweiter Staatsschreiber. 1848–1883 Mitglied des Grossen Rates bzw. des Kantonsrates. Während Jahrzehnten das unbestrittene Haupt der Zürcher Konservativen. 1875–1886 Präsident der Sektion Zürich des föderalistischen, reformiert-konservativen «Eidgenössischen Vereins». 1854–1893 Präsident der «Allgemeinen Geschichtsforschenden Gesellschaft der Schweiz». 1858–1893 Professor für Schweizergeschichte an der Universität Zürich, 1872–1874 deren Rektor. 1880–1893 Mitglied der «Bayerischen Akademie der Wissenschaften».

[36] LUDWIG FORRER, 1845–1921. Geboren im thurgauischen Islikon. Stammte aus dem Geschlecht der Furrer von Bäretswil im Zürcher Oberland. Studium der Rechte, kein Abschluss. 1867–1869 Leutnant der Zürcher Kantonspolizei. 1868/69 Mitglied des Verfassungsrates und dessen Erster Sekretär. 1870–1873 Staatsanwalt. 1873–1900 Rechtsanwalt in Winterthur, 1884 Bürger daselbst. 1870–1900 Mitglied des Kantonsrates, mehrmals dessen Präsident. 1875–1900 mit Unterbrüchen Mitglied des Nationalrates («Ecole de Winterthour»), 1893 dessen Präsident. Befasste sich stark mit der Sozialpolitik («Lex Forrer»). 1900–1902 Direktor des Zentralamtes für internationalen Eisenbahntransport in Bern. 1903–1917 war der als «Löwe von Winterthur» bekannte Forrer Mitglied des Bundesrates, 1906 und 1912 Bundespräsident.

[37] GOTTFRIED KELLER, 1819–1890. Der berühmte Dichter und Schriftsteller wurde in Zürich als Sohn eines Drechslermeisters geboren. 1844/45 Teilnahme an den Freischarenzügen. 1861–1876 Erster Staatsschreiber des Kantons Zürich. Der Demokratischen Bewegung stand er eher kühl gegenüber. 1868/69 Zweiter Sekretär des Verfassungsrates.

liess in der Folge eine Geschäftsordnung, forderte das Volk auf, seine Wünsche für die neue Verfassung einzureichen und wählte eine aus 35 Männern bestehende vorberatende Kommission. In dieser sassen vorab die führenden Demokraten, aber auch massgebende Vertreter der liberalen Opposition wie Johann Jakob Rüttimann[38] sowie Regierungspräsident Johann Jakob Treichler. Auch die beiden Arbeitervertreter Karl Bürkli und August Krebser nahmen in der Kommission Einsitz, während in dieser nur Georg von Wyss die Anliegen der Konservativen vertreten konnte. Die Kommission erhielt vom Rat den Auftrag, einen Verfassungsentwurf auszuarbeiten. Der Verfassungsrat erteilte der Kommission nur eine einzige inhaltliche Weisung, nämlich im «vorzulegenden Verfassungsentwurfe das Prinzip der direkten Gesetzgebung durch das Volk zu verwirklichen».[39] Die Kommission begann am 2. Juni ihre Arbeit und schloss sie – trotz fast einmonatiger Sommerpause – bereits am 14. August ab. Sie hatte insgesamt 33 Sitzungen durchgeführt. Die Sitzungen der Kommission begannen mit einem heftigen Streit über einen Punkt, der zwar auf den ersten Blick nur als Äusserlichkeit erscheinen mochte, jedoch sehr viel tiefer ging: Die vorberatende Kommission wurde von ihrem engeren Ausschuss zu den ersten Sitzungen nicht nach Zürich, sondern in das Rathaus nach Winterthur, dem Zentrum der Demokratischen Bewegung, ein-

---

[38] JOHANN JAKOB RÜTTIMANN, 1813–1876. Geboren in Regensberg als Sohn eines Landschreibers. Gelehrtenschule und politisches Institut in Zürich, Jurist. 1837–1839 Sekretär des Grossen Rates. 1844–1872 Mitglied des Grossen Rates bzw. des Kantonsrates, mehrmals dessen Präsident. 1844–1856 Mitglied des Regierungsrates. 1846 Verfasser des gegen Johann Jakob Treichler gerichteten Kommunistengesetzes. 1848 entschiedener Verfechter des Zweikammersystems bei der Ausarbeitung der Bundesverfassung. 1848–1854 und 1862–1869 Mitglied des Ständerates, 1850 dessen Präsident. 1848–1854 Mitglied des Bundesgerichtes, 1854 dessen Präsident. 1854–1872 Professor für zürcherisches Privatrecht an der Universität Zürich, 1855–1876 Professor für Staats- und Verwaltungsrecht an der Eidgenössischen Technischen Hochschule. Schöpfer wichtiger Gesetzeswerke. Als enger Freund Alfred Eschers 1853 Mitgründer der Zürich-Bodensee-Bahn und 1856 der Schweizerischen Kreditanstalt. 1868/69 Mitglied des Verfassungsrates. 1875–1876 Mitglied des Kassationsgerichtes. Während langer Zeit in leitender Stellung bei der Nordostbahn, der Schweizerischen Kreditanstalt und der Schweizerischen Lebensversicherungs- und Rentenanstalt.

[39] Verhandlungen vom 29. Mai 1868.

geladen. Dies veranlasste Georg von Wyss und Johann Jakob Rüttimann zu heftigem Protest und zu anfänglichem Boykott der Sitzungen. Die Kommission hielt einige Zeit an Winterthur fest, verlegte
aber dann ihre Sitzungen nach Zürich. Die Episode zeigt die starken
Spannungen zwischen Winterthur, der «Hauptstadt» der Zürcher Land-
schaft, und dem liberalen Machtzentrum Zürich. Die vorberatende
Kommission arbeitete zuhanden des Gesamtverfassungsrates einen Verfassungsentwurf aus, der von diesem in zwei Lesungen beraten wurde. Die letzte Sitzung fand am 31. März 1869 statt.

Die *Petitionen* spielten für die Entstehung der Verfassung eine bedeutsame Rolle.[40] Der Verfassungsrat nahm oft auf sie Bezug und berücksichtigte sie dann, wenn sie zahlreich waren, einen wichtigen The-
menbereich betrafen, ein verfassungswürdiges Problem beschlugen und
sich nicht widersprachen. Wie bei den Verfassungsbewegungen in der
Regenerationszeit, mussten sehr viele Petitionen als verfassungsun-
würdig angesehen werden, weil sie klarerweise Probleme der einfachen Gesetzgebung oder der Verwaltung beschlugen. Dazu kam noch
eine weitere Kategorie von unerfüllten Petitionen am Ende der Bewegung, nämlich diejenigen Volkswünsche, die ihrer Zeit voraus waren
und an deren Verwirklichung vorläufig nicht gedacht werden konnte.
Es ist nun aufschlussreich, die vom Verfassungsrat nicht berücksich-
tigten Petitionen durchzusehen, denn viele von ihnen sollten dann
Gegenstand der zürcherischen und eidgenössischen Politik für den Rest
des 19. Jahrhunderts und bis weit ins 20. Jahrhundert hinein bilden.

Was die *individuellen Rechte* betraf, so gingen Petitionen mit folgenden Forderungen ein: Anonym forderten mehrere Frauen, aber auch
mit Namen genannte Männer, die Ausdehnung der politischen Rechte
auf die Frauen; ferner wurde mehrfach die Gewährung des Stimm-
rechts auch für die Armengenössigen und die Konkursiten gefordert;
im Militär sollten die Soldaten eine humanere, «dem Republikanis-
mus würdigere Behandlung» erfahren; Offiziere und Gemeine sollen
gleiche Bewaffnung, gleiche Kleidung und gleichen Sold erhalten, und
jeder Offizier muss «vorher als Gemeiner gedient haben». Es wurden
weiter die vollständige Gleichstellung aller Konfessionen sowie die
vollständige Trennung von Staat und Kirche, die bürgerliche Beerdi-

---

[40] Gedruckte Übersicht der eingegangenen Vorschläge (Petitionen) im Staatsar-
      chiv des Kantons Zürich X 188 2a; III Aaa 2.

gung und gesetzliche Bestimmungen gegen das «Umsichgreifen des Sektenwesens» verlangt.

Das Vereins- und vor allem das Koalitionsrecht solle vollständig gewährleistet werden, das weibliche Geschlecht solle mit dem männlichen «in Bezug auf Erziehung» gleichgestellt werden. Der Staat solle die Fabriken im Sinne «humanistischen Fortschritts» beaufsichtigen, die Frauen und Kinder vor gesundheitswidriger Ausbeutung schützen, die Höchstarbeitszeit in den Fabriken auf zehn, höchstens zwölf Stunden beschränken. Für Streitigkeiten zwischen Arbeitern und Arbeitgebern sollen besondere Schiedsgerichte (prud'hommes) eingesetzt werden.

Im Bereiche der *Staatsorganisation* wurde die Nichtwiederwählbarkeit aller Behörden und Beamten nach zwei abgelaufenen Amtsdauern, ferner das Abberufungsrecht für sämtliche Amtsträger gefordert; der Kantonsrat solle auch dann als abberufen gelten, wenn er sich weigere, auf einen durch eine Volksinitiative beschlossenen Vorschlag einzutreten oder wenn ein in der Folge von ihm ausgearbeitetes Gesetz in der Volksabstimmung verworfen werde; alle Kantonsräte sollen verpflichtet werden, zweimal pro Jahr vor ihren «amtlich zu besammelnden» Wählern Rechenschaft abzulegen und deren Begehren entgegenzunehmen. Bei allen Wahlen von Behörden und Beamten solle auf die Wahrung der Vertretung der Minderheiten Rücksicht genommen werden; die Verwaltungsräte der Nordostbahn sollen von allen Staatsämtern ausgeschlossen werden, ebenso alle Eisenbahndirektoren aus den obersten Behörden. Die Hebung der Volkswirtschaft solle zum Staatsinteresse erklärt werden; der Staat solle Anstalten errichten und schützen, welche der Volkswirtschaft Vorschub leisten. Was die Wahl des Kantonsrates betrifft, so wurde entweder die Einführung des Proporzwahlrechts oder die Schaffung kleinerer Wahlkreise verlangt. Viele Petitionen verlangten den Ausschluss aller Beamten sowie der Mitglieder des Obergerichtes aus dem Kantonsrat, ferner wurde die Einführung des Referendums über neue Staatsanleihen verlangt.

Was die *Bezirke und Gemeinden* betraf, so wurde die Aufhebung der Bezirksräte sowie die Aufteilung des Bezirkes Zürich in einen Stadt- und Landbezirk verlangt; die Zivilgemeinden seien abzuschaffen und das Einwohnerprinzip sei auszudehnen, insbesondere auf das Armenwesen; den Frauen sei in Kirchen und Schulangelegenheiten das Stimmrecht zu erteilen. Einige Petitionen verlangten die Herabsetzung der Zahl der Gemeindebeamten und die Senkung oder Abschaffung von Gemeindeabgaben.

Was die *Gesetzgebung* betrifft, so wurde der Erlass «weniger, aber deutlicher Gesetze» gefordert, «niemals provisorische oder rückwirkende», ferner Gesetze «ohne lateinische oder griechische Schnörkel». Die gegenwärtig in Kraft befindlichen Gesetze und Verordnungen sollten geordnet, in einem Gesetzbuch gedruckt und gratis an die Bürger abgegeben werden. Alle die Gesetzgebung betreffenden Petitionen sollten als Anhang in der neuen Verfassung abgedruckt werden.

Neben der Errichtung einer Kantonalbank wurde die Schaffung einer staatlichen Pfandleihanstalt gefordert. Auch wurde verlangt, der Staat solle sogenannte «Nationalwerkstätten» errichten, dies gewiss in Anlehnung an die «ateliers nationaux» von Louis Blanc[41]. Weitere Postulate waren die staatliche Überwachung, Leitung und Erleichterung der Auswanderung, die stärkere staatliche Kontrolle von Getränken und Lebensmitteln und die Schaffung einer obligatorischen Mobiliar- und Flurschadenversicherung.

Im Bereich des Abgabewesens verwirklichte der Verfassungsrat die meisten Petitionen. Verlangt war überdies die Schaffung einer Luxussteuer, die Verminderung der Steuern für Witwen und Waisen sowie die Abschaffung des Salzmonopols – aber auch dessen Beibehaltung, wie überhaupt des öftern gegensätzliche, miteinander unvereinbare Wünsche eingingen!

Im Bereiche des *Schul- und Kirchenwesens* hatte der Verfassungsrat eher vorsichtig legiferiert, weshalb hier viele unerfüllte Petitionen zu verzeichnen waren. So wurde die vermehrte Sorge des Staates für die Volksschule, der Ausbau der Sekundarschulen, die Erweiterung der obligatorischen Schulzeit für Knaben und Mädchen bis zum 15. Altersjahr, die Abschaffung der Schulgelder, anderseits aber die Be-

---

[41] Louis Blanc, 1811–1882. Französischer Journalist und Publizist. Politische Tätigkeit als Sozialist. Freimaurer. 1848 Mitglied der provisorischen Regierung und Präsident der Arbeiterkommission, welche die von ihm 1848 in «Le droit au travail» vorgeschlagenen staatlich finanzierten Arbeiterproduktionsgenossenschaften, die «ateliers sociaux», als «ateliers nationaux» verwirklichte, aber nach wenigen Monaten wieder schliessen musste, worauf es zu Kämpfen zwischen Arbeitern und Regierungstruppen mit 4000 Toten kam.

seitigung der Maturitätsprüfung gefordert, ferner die Möglichkeit auch der Ärmsten, höhere Schulen besuchen zu können. Ferner wurde die Aufhebung der (kirchlichen) Unterweisungsschulen verlangt – anderseits ein «christlich-gläubiger Erziehungsrat» sowie die Einführung christlich-religiöser Lehrmittel herbeigewünscht, ganz in der Linie der vom «Züriputsch» ausgelösten Volksbewegung von 1839![42]

Was das *Privat- und Strafrecht* betrifft, so verlangte man die Einführung der obligatorischen Zivilehe sowie von staatlichen Zivilstandsregistern, die Erleichterung der Ehescheidung und Gleichstellung von Frau und Mann im Scheidungsverfahren, die Teilung der ehelichen Errungenschaft zu gleichen Teilen unter den Ehegatten sowie die Gleichstellung der Söhne und Töchter im Erbrecht. Petitioniert wurde schliesslich für ein Verbot der Pfändung «noch nicht verdienter» Löhne. Im Strafrecht gingen vor allem Petitionen für Humanisierung und Milderung ein. Das Verfahren solle vereinfacht und die Öffentlichkeit sämtlicher Gerichtsberatungen eingeführt werden. Eine Petition verlangte die gesamtschweizerische Rechtsvereinheitlichung!

Viele Postulate der Petitionen sollten zwar in der Folge nicht verwirklicht werden, zeigten jedoch künftige Entwicklungen auf.

Die Entstehung der neuen Verfassungsprinzipien

Volkssouveränität, Stellung des Parlamentes

Naturgemäss standen diese beiden Fragen im Zentrum der Auseinandersetzungen in der Öffentlichkeit und im Verfassungsrat. Das Ergebnis war eindeutig: Während die Verfassung von 1831 in Artikel 1 festgelegt hatte, die Staatsgewalt beruhe auf der Gesamtheit des Volkes und werde nach Massgabe der Verfassung durch den Grossen Rat als Stellvertreter des Volkes «ausgeübt», so formulierte man nun den ersten Artikel wie folgt: «Die Staatsgewalt beruht auf der Gesamtheit des Volkes. Sie wird unmittelbar durch die Aktivbürger und mittelbar durch die Behörden und Beamten ausgeübt.»

---

[42] Zusammenfassende Darstellung der Petitionen von 1839 bei KöLZ, Verfassungsgeschichte (Anm. 1), S. 412 ff.

Mit dieser Formulierung kam zum Ausdruck, dass die durch die Regenerationsverfassung bewirkte liberale Parlamentsherrschaft beseitigt sei und statt ihrer das Volk als primär handelndes und bestimmendes Organ eingesetzt werde. Es müsse «der Schwerpunkt der Gesetzgebung in das Volk und nicht in den Grossen Rat gelegt werden. Letzterer soll nur eine «vermittelnde und vorberathende Commission sein, welche dafür zu sorgen hat, dass in formeller Beziehung die Gesetzgebung nicht in Widerspruch geräth...», führte Johann Caspar Sieber aus.[43] Nach demokratischer Auffassung sollte also die «umfassende Volksherrschaft» eingeführt und das Repräsentativprinzip aufgegeben werden. Dessen «Irrtum», die «individuellen Anschauungen der Volksvertreter als die ächten und homogenen Faktoren des Volkswillens» zu betrachten, müsse vermieden werden, denn die Willensäusserungen der Repräsentanten seien nur als «Splitter» zu betrachten, «aus denen das organische Ganze des Volksbewusstseins nicht erkannt werden» könne, führte der Verfassungsratspräsident, Johann Jakob Sulzer, aus.[44] Es sei vielmehr der entscheidende Schritt zu tun, der «aus dem Repräsentativstaat zur umfassenden Volksherrschaft hinüberführt, im Vertrauen auf die gereifte Einsicht des Volkes und der guten Kräfte in ihm...».

Die Vorstellung, das Volk zum Zentralorgan des neuzugestaltenden Staatswesens zu machen und für das Parlament nurmehr die Rolle einer, wie wörtlich gesagt wurde, «vorberatenden Behörde», ja einer blossen «Gesetzes-Commission» vorzusehen, wurde in den Diskussionen immer wieder betont. Die vierzigjährige Parlamentsherrschaft der Liberalen und die nun erkämpfte Befreiung von ihr weckte im Verfassungsrat optimistischste Hoffnungen zugunsten der Volksgesetzgebung, vor allem bei der Ratslinken. Die gegenwärtige Repräsentative sei, so sagte Karl Bürkli, aus den «obersten Schichten» gebildet, und sein Kollege August Krebser sah deshalb in der direkten Gesetzgebung durch das Volk geradezu das «Heilmittel» gegen die soziale Not der Arbeiter; sie werde das «Hauptwerkzeug zur allgemeinen Lösung der sozialen Fragen» werden, denn das Gesetz sei «nichts anderes als das geschriebene Interesse des Gesetzgebers», und so dürfe

---

[43] Verhandlungen der Kommission vom 10. Juni 1868.
[44] Verhandlungen vom 8. März 1869.

man «wohl annehmen, dass, wenn das Gesetz von Allen gemacht wird, die Interessen der arbeitenden Massen schliesslich bei einem gebildeten Volk auch zum Durchbruch kommen werden».[45] Je mehr sich der Staat, so wurde weiter begründet, mit der Gesellschaft identifiziere, desto mehr habe er auch die Aufgabe, an der Lösung dieser gesellschaftlichen Aufgaben mitzuarbeiten.

Es fehlte in Anbetracht des Enthusiasmus' für die direkte Volksgesetzgebung auch nicht an warnenden Stimmen zu dieser radikalen Umgestaltung des Staates, so wenn etwa gesagt wurde, der Verfassungsrat dürfe die Bedeutung des Grossen Rates «nicht zu tief herunter drücken». Diese Behörde werde immer noch eine grosse Bedeutung haben, denn die Gesetze und Beschlüsse würden in diesem Kreise am gründlichsten erörtert und von diesem Kreise werde «in gewöhnlichen Zeiten das Meiste ausgehen».[46] Auch warnte man vor allzuvielen Volksabstimmungen, wodurch das Volk ernüchtert und ermüdet werde.

Indessen stand für die Mehrheit des Verfassungsrates fest, dass die Stellung des Volkes gegenüber der bisherigen Parlamentsherrschaft ganz entscheidend verändert werden sollte. Dies kam in der neuen Verfassung schon darin zum Ausdruck, dass «Gesetzgebung und Volksvertretung» zuerst geregelt wurden und erst anschliessend Bestimmungen über das Parlament folgten. Eine derart radikale Umgestaltung der Verfassungssystematik hatte bisher kein Kanton vorzunehmen gewagt, auch Baselland nicht in der demokratischen Verfassung von 1863.

Initiative, Referendum, Abberufung

Der Verfassungsrat führte ein weitgehendes Initiativ- und Referendumsrecht des Volkes ein, welches nach den Ausführungen von Johann Caspar Sieber «ein getreuer Ausdruck der Volksbewegung» sei und das bisherige Staatsrecht «vollständig» ändere. Dies kam in der Grundsatzformulierung zum Ausdruck, wonach das Volk die gesetzgebende Gewalt «ausübe», und zwar nur unter «Mitwirkung» des Kantonsrates.[47] Als erstes Instrument hiefür sah man die Volksinitiative vor, wel-

---

[45] Verhandlungen vom 5. November 1868.

[46] Verhandlungen der Kommission vom 10. Juni 1868.

[47] Art. 28 der Verfassung.

che «wie ein Damoklesschwert über dem Grossen Rathe hängen und ihn zwingen (solle), dem Volkswillen jederzeit Ausdruck zu geben».

Die *Volksinitiative* wurde umfassend ausgestaltet: 5000 Aktivbürger – von ungefähr 65'000 – erhielten das Recht, ein Begehren nach Erlass, Aufhebung oder Abänderung eines Gesetzes oder eines nicht ausschliesslich in die Befugnis des Kantonsrates fallenden Beschlusses zu stellen. Dieses Begehren konnte in Form einer einfachen Anregung oder eines ausgearbeiteten Entwurfes gestellt werden. In jedem Fall erhielt der Kantonsrat das Recht, zu den an das Volk gelangenden Initiativen «begutachtend» Stellung zu nehmen. Damit lehnte der Verfassungsrat die von Karl Bürkli beantragte «direkte» Volksinitiative ab: Nach dessen Vorstellungen hätten 10'000 Stimmberechtigte – mithin die doppelte Zahl der «normalen» Initiative – eine Volksinitiative erheben können, welche ohne jede Mitwirkung des Rates, also direkt an das Volk, gegangen wäre. Damit werde, so Bürkli, die Möglichkeit eröffnet, dass «das Volk direkt zum Volke reden könne».[48] Dieser Vorschlag fand keine Mehrheit, wohl wegen der ungewissen Auswirkungen eines derart radikalen Volksrechts und aus der Sorge heraus, die Bedeutung des Parlamentes nicht zu stark zu mindern. Es wurde gegenteils beschlossen, dem Kantonsrat das Recht zu geben, zu einer Volksinitiative einen eigenen Entwurf auszuarbeiten und diesen zusammen mit jener zur Abstimmung zu bringen.

Viel Diskussionsstoff lieferte ein Antrag von Johann Caspar Sieber, das Recht zur Initiative auch *einzelnen* Stimmberechtigten zuzuerkennen. Sieber begründete diese Neuerung, welche bisher in keinem anderen Kanton mit Repräsentativverfassung diskutiert worden war, mit dem Antragsrecht der einzelnen Glarner Landbürger zuhanden der Landsgemeinde.[49] Diese Einzelinitiative stiess auf erhebliche Skepsis im Rat. Vor allem machte man Missbrauchsgefahr geltend; das Erfordernis einer grösseren Anzahl von Bürgern biete dagegen Gewähr gegen Missbräuche, führten die Gegner dieses Vorschlages aus. Sieber gab jedoch nicht nach und meinte, die grössere Anzahl sei «nicht immer ein Beweis von mehr innerer Wahrheit». Wenn man den «Schwerpunkt der Gesetzgebung in das Volk und nicht in den Grossen

---

48 Verhandlungen der Kommission vom 9./10. Juni 1868.

49 Verhandlungen vom 9./10. Juni 1868.

Rat» legen wolle, so müsse das Volk die Quelle der Gesetzgebung sein, führte Sieber aus. Es wurde schliesslich in dieser Frage folgender Kompromiss gefunden, der die Zustimmung der Mehrheit fand: Einzelinitiativen führen dann zu einer Volksabstimmung, wenn sie von einem Drittel der Mitglieder des Kantonsrates unterstützt werden; ausserdem soll dieses Recht auch kantonalen Behörden, namentlich Gemeindebehörden, zustehen. Und schliesslich: Die Einzelinitianten dürfen ihr Begehren vor dem Kantonsrat persönlich vertreten, wenn sich 25 seiner Mitglieder dafür aussprechen.[50] Es ist auch hier unverkennbar, dass man mit diesem neuen Volksrecht und dem dazugehörenden persönlichen Begründungsrecht ein allerdings modifiziertes Element der Landsgemeindedemokratie in einem bevölkerungsreichen Kanton einführte. Mit der Einzelinitiative hatte der Zürcher Verfassungsrat ein beinahe unglaublich weitgehendes demokratisches Recht eingeführt, das im Laufe der weiteren Demokratischen Bewegung selbst in viel kleineren Kantonen keine Nachahmung finden sollte! Im Gegensatz zu den dirigistisch eingestellten Radikalen der Vierziger- und Fünfzigerjahre lehnten nun die Demokraten die Übernahme eines Demokratieelementes der historischen Landsgemeinden nicht mehr rundwegs ab!

Der Verfassungsrat blieb seiner Linie auch treu, indem Zürich als erster Nicht-Landsgemeindekanton dem Volk das Recht erteilte, zuhanden des Bundes sogenannte «Standesinitiativen» zu beschliessen.[51]

Was das *Gesetzesreferendum* betrifft, so einigte man sich rasch darauf, dieses *obligatorisch* auszugestalten. Zwar wurde das Veto als Ersatz für das obligatorische Gesetzesreferendum vorgeschlagen und diskutiert, dann aber abgelehnt, vor allem infolge schlechter Erfahrungen in anderen Kantonen, aber auch wegen seines rein negativen Charakters. Man war sich auch der inneren Problematik des Vetos bewusst und empfand vor allem die beim Veto übliche Zählung der Nichtstimmenden zu den Annehmenden als demokratiewidrig. Über das fakultative Referendum, wie es erstmals in die Solothurner Verfassung von 1856 Eingang gefunden hatte, wusste man hier offenbar nichts Genau-

---

[50] Art. 29 der Verfassung.

[51] Art. 35 der Verfassung.

es. Vor allem hinderte jedoch die dem Verfassungsrat innewohnende demokratische Grundstimmung daran, etwas anderes als das obligatorische Gesetzesreferendum vorzusehen, wie es bereits 1863 erstmals im Kanton Baselland eingeführt worden war. Man hatte ja in Artikel 1 der Verfassung festgelegt, die Staatsgewalt werde «unmittelbar durch das Volk und mittelbar durch die Behörden und Beamten ausgeübt». Zu diesem «Leitsatz» der neuen Verfassung gehörte das obligatorische Referendum zwingend; die Demokraten waren auch vom erzieherischen Wert des obligatorischen Referendums überzeugt: Das Volk lerne so seine Gesetze kennen und diese liessen sich dann auch besser vollziehen. Ohne Erfolg wandte daher Heinrich Grunholzer[52] ein, es solle nicht die «ganze Maschine des Referendums» für Gesetze in Bewegung gesetzt werden, mit denen alle Leute einverstanden oder die von wenig Interesse seien.[53] Ohne grössere Diskussionen unterstellte man auch die kantonalen Staatsverträge – Konkordate – dem obligatorischen Referendum.[54] Über die politischen Auswirkungen des Referendums war man sich im Verfassungsrat noch nicht im klaren: Während der Liberalkonservative Georg von Wyss dessen konservative Wirkungen hervorhob, zeichnete der Sozial-Demokrat Karl Bürkli ein anderes Bild: Das Zürchervolk schwimme «mitten im grossen Fortschrittsstrom des Jahrhunderts, die sozialen Ideen werden auch ihm in den Kopf schiessen, und dann wird sich's zeigen, dass die di-

---

[52] HEINRICH GRUNHOLZER, 1819–1873. Geboren in Trogen als Sohn eines Appenzeller Lehrers, Wirts und Landschreibers. Besuch des Lehrerseminars Küsnacht, überzeugter Anhänger Ignaz Thomas Scherrs. Sekundarlehrer in Bauma. Direktor des bernischen Lehrerseminars Münchenbuchsee bis zu dessen Schliessung durch die konservative Berner Regierung. Dann Kantonsschullehrer im liberal regierten Zürich. Redaktor der für das Erziehungswesen bahnbrechenden «Pädagogischen Monatsschrift». Grunholzer verheiratete sich mit der Tochter des Ustermer Baumwollindustriellen und Politikers Hans Heinrich Zangger und war darauf selbst auch als Unternehmer tätig. 1854–1869 Mitglied des Grossen Rates. 1868/69 Mitglied des Verfassungsrates und der «35er Kommission». Den Demokraten schloss er sich aber nicht an. 1863–1869 Mitglied des Nationalrates. Grunholzer, damals einer der führenden Pädagogen der Schweiz, übernahm auch verschiedene schul- und bildungspolitische Ämter. An seinem Begräbnis sollen 1500 Lehrer aus der ganzen Schweiz teilgenommen haben.

[53] Verhandlungen vom 10. Juni 1868.

[54] Art. 30 der Verfassung.

rekte Gesetzgebung ... das Hauptwerkzeug zur allmäligen Lösung der sozialen Fragen ist ...».[55] Bezog Karl Bürkli seinen Optimismus aus der 1864 an der Glarner Landsgemeinde erfolgten Annahme eines fortschrittlichen Fabrikgesetzes?

Der Verfassungsrat erkannte, dass es Beschlüsse nicht gesetzgeberischer Natur gibt, welche trotzdem von grosser politischer Bedeutung sind: «... viele Beschlüsse haben eine grössere Bedeutung als viele Gesetze, und es könnte unter Umständen im Interesse eines Grossen Rathes liegen, solche Beschlüsse nicht zur Volksabstimmung zu bringen», führte Johann Jakob Scherer[56] aus.[57] Man überlegte sich daher, auf welche Weise dem Volk eine Mitwirkung an solchen verschafft werden könnte. Aufgrund einer hochstehenden Debatte kam man zum Schluss, Begnadigungsentscheide, Beschlüsse im Rahmen der parlamentarischen Oberaufsicht, den Entscheid über das Budget und anderes mehr dem Referendum vorzuenthalten, dieses jedoch für Ausgabenbeschlüsse von einer bestimmten Höhe an vorzusehen; dabei dachte man vor allem an Kredite für Bauten.[58] So gelangte der Verfassungsrat zur Einrichtung des – obligatorischen – *Finanzreferendums*, das bis dahin erst in der Verfassung der Kantone Neuenburg, Waadt und Bern verankert worden war.[59] Ausserdem erteilte der Verfassungsrat dem künftigen Kantonsrat ohne Bedenken das – plebiszitäre – Recht, von sich aus noch andere Beschlüsse dem obligatorischen Referendum unterstellen zu können. Weitsichtig sah er schliesslich vor, der Kan-

---

[55] Verhandlungen vom 5. November 1868.

[56] JOHANN JAKOB SCHERER, 1825–1878. Geboren in Schönenberg/Wädenswil als Sohn eines Grossbauern und Pferdehändlers. Lehre in einem Speditionsunternehmen in Mailand. Tätigkeit als Pferdehändler und in einem Exportunternehmen in Winterthur. 1865 Oberst, 1865–1867 Oberinstruktor der Kavallerie, 1871 Oberstdivisionär. Mitgründer der Bank in Winterthur, 1866–1870 Mitglied des Verwaltungsrates. 1860–1867 Mitglied des Stadtrates von Winterthur. 1864–1868 Mitglied des Grossen Rates. 1866–1872 Mitglied des Regierungsrates, 1869 dessen Präsident. 1868/69 Mitglied des Verfassungsrates. 1869–1872 Mitglied des Nationalrates. 1872–1878 Mitglied des Bundesrates, 1875 Bundespräsident.

[57] Verhandlungen der Kommission vom 10. Juni 1868.

[58] Art. 30 und 31 der Verfassung.

[59] Dazu MONNIER (Anm. 1).

tonsrat sei berechtigt, bei der Vorlage eines Gesetzes oder Beschlusses neben der Abstimmung über das Ganze ausnahmsweise auch eine solche über einzelne Punkte anzuordnen, damit das Volk seinen Willen «bestimmt und detailliert» aussprechen könne. Und zwecks Sicherung der Volksherrschaft legte man schliesslich fest, der Kantonsrat sei nicht berechtigt, Gesetze oder Beschlüsse vor der Abstimmung in Kraft zu setzen.[60]

In eigenartiger Weise mit der Volksinitiative und mit dem Referendum war das *Abberufungsrecht* verknüpft. Immer wieder wurde der Gedanke geäussert, der Kantonsrat müsse vom Volk gesamthaft abberufen werden können, wenn er in einer Volksabstimmung in einer Sache desavouiert werde. Es spielte hier unverkennbar die Frage des Vertrauens und der Autorität eine zentrale Rolle. Man konnte sich in dieser Pionierzeit der direkten Demokratie ein Parlament schlecht vorstellen, das trotz «verlorener» Volksabstimmung weiterregiert. In Petitionen war deshalb auch die Möglichkeit des freiwilligen Gesamtrücktritts des Parlamentes verlangt worden. Vielleicht spielte bei dieser Tendenz der Verknüpfung von Sachentscheid und Vertrauensfrage der Einfluss der französischen Revolutionstheorie eine Rolle.[61] Sowohl das Abberufungsrecht als auch die Möglichkeit des Gesamtrücktrittes wurden schliesslich abgelehnt, im wesentlichen mit der Begründung, es sollten Sachfragen nicht mit Personenfragen verknüpft werden; der neugeschaffene demokratische Organismus erfordere ein solches «Instrument des Misstrauens und der Gehässigkeit» nicht. Die Ablehnung des Abberufungsrechts in Zürich entsprach aber gewiss auch der Natur der demokratischen Lehre, welche – im Gegensatz zum frühen Radikalismus – nicht eine revolutionäre Frontstellung zwischen Volk und Staat suchte, sondern bestrebt war, Gesellschaft und Staat ineinander zu verschränken, sie letztlich so zu verbinden, dass in gemeinsamer Aktion eine Politik zur Mehrung der Volkswohlfahrt möglich werde.[62]

---

[60] Art. 30 der Verfassung.

[61] KÖLZ, Verfassungsgeschichte (Anm. 1), S. 86.

[62] Zum Abberufungsrecht im Überblick siehe: ALFRED KÖLZ, Das Abberufungsrecht, in: Der Weg der Schweiz (Anm. 1), S. 67 ff.

Zu Auseinandersetzungen gaben ferner die Frage der *geheimen Stimmabgabe* und der *Stimmzwang* Anlass. Was erstere betrifft, so führte Gottlieb Ziegler[63] aus, die offene Abstimmung sei eine «wohlgemeinte oder auch eine weniger wohlgemeinte Phrase zu Gunsten der ökonomisch Sichergestellten ... aber dem Armen und Gedrückten setzt man die offene Abstimmung auf den Nacken, denn diese Leute müssten nicht nur ihre Meinung, sondern auch die Rücksicht auf die Existenz ihrer Frau und Kinder in die Waagschale legen».[64] Die Mehrheit entschied in diesem Sinne und setzte die geheime Urnenabstimmung fest.[65] In einem anderen Punkt berücksichtigte man indessen die Interessen der wirtschaftlich schwächeren Bevölkerungsteile weniger: Nach langer Diskussion beschloss man, die Armengenössigen und die schuldhaften Konkursiten («Failliten») weiterhin vom Stimmrecht auszuschliessen.[66] Im übrigen wurde ein Antrag abgelehnt, das Stimmrecht von 20 auf 18 Jahre herabzusetzen. Das Frauenstimmrecht wurde im Rat nicht diskutiert, obwohl entsprechende Petitionen eingegangen waren.

Es herrschte im Verfassungsrat eine starke Tendenz, die Teilnahme an Abstimmungen und Wahlen unter Bussendrohung als obligatorisch zu erklären. Die Befürworter des Stimmzwanges konnten für diese Haltung insofern eine gewisse Folgerichtigkeit in Anspruch nehmen, als man nun dem Volke eine absolut zentrale Stellung als Staatsorgan einräumen wollte. Es müsse dem Volke eine Garantie gegeben wer-

---

[63] Gottlieb Ziegler, 1828–1898. Stammte aus altem Handwerker- und Ratsgeschlecht der Stadt Winterthur. Studium der Theologie, Pfarrer in Hedingen und Eglisau. 1863–1869 Lehrer für Religion und Latein am Gymnasium in Winterthur. Nahm grossen Anteil an der Demokratischen Bewegung. 1868/69 Mitglied des Verfassungsrates. 1869–1877 Mitglied des Regierungsrates, mehrmals dessen Präsident. 1871–1877 Mitglied des Nationalrates, 1873/74 dessen Präsident während der Beratungen über die Bundesrevision. Nach dem Rücktritt aus Regierungs- und Nationalrat Redaktor des Winterthurer «Landboten». 1877–1883 und 1890–1898 Mitglied des Kantonsrates, ferner Mitglied des Grossen Stadtrates von Winterthur. Schwager von Salomon Bleuler.

[64] Verhandlungen vom 11. September 1868.

[65] Art. 30 der Verfassung.

[66] Verhandlungen vom 8. September 1868.

den, führte François Wille[67] aus, dass «nicht wenige zufällig Anwesende über seine wichtigsten Interessen entscheiden».[68] In der Folge wurde der eigentliche Stimmzwang doch als freiheitsbeschränkend, als zu weitgehend angesehen, weshalb man sich mit einem Kompromiss behalf und in die Verfassung schrieb, die Beteiligung an Abstimmungen sei «eine allgemeine Bürgerpflicht».[69] Es wurde dann in einem Gesetz den Gemeinden anheimgestellt, diese Stimmpflicht mit Bussen durchzusetzen; zum Teil wurde von dieser Möglichkeit auch Gebrauch gemacht.[70]

Stellung und Wahl des Kantonsrates

Hatte die Regenerationsverfassung von 1831 den Grossen Rat für die Ausübung der «höchsten Gewalt», der Gesetzgebung und der Oberaufsicht über die Landesverwaltung als zuständig erklärt, so schwächte nun der Verfassungsrat die Macht und Stellung des Parlamentes wesentlich und beseitigte den Ausdruck «höchste Gewalt». Letztere sollte nun dem Volk zukommen. Ausserdem änderte man den an das Ancien Régime erinnernden Namen «Grosser Rat» in den als zeitgemässer empfundenen Namen «Kantonsrat» ab; dies dränge sich auch deshalb auf, weil es ja seit längerer Zeit keinen «Kleinen Rat» mehr gebe.

---

[67] FRANÇOIS WILLE, 1811–1896. Geboren in Hamburg als Spross eines aus dem neuenburgischen La Sagne stammenden Geschlechtes, das ursprünglich Vuille hiess. Dr. phil. Journalist, besonders an der «Hamburger neuen Zeitung». Freund Heinrich Heines. 1848 als Demokrat in das Frankfurter Parlament gewählt. Flucht vor dem Druck der Reaktion in die Schweiz. 1851 Erwerb des Landsitzes Mariafeld bei Meilen, den er zu einem Zentrum für Wissenschaft und Kunstpflege gestaltete. Hier verkehrten unter anderem Gottfried Semper, Gottfried Keller, Georg Herwegh, Theodor Mommsen, Franz Liszt, Richard Wagner, Conrad Ferdinand Meyer, Gottfried Kinkel und Arnold Böcklin. 1868/69 Mitglied des Verfassungsrates. Verfasser verschiedener Werke zum Wahlrecht und insbesondere zur Proporzwahl. Vater des späteren Generals Ulrich Wille.

[68] Verhandlungen vom 11. September 1868.

[69] Art. 30 der Verfassung.

[70] STRÄULI (Anm. 1), S. 150 f.

Man beschloss Gesamterneuerung des Kantonsrates sowie die Herabsetzung der Amtsdauer von vier auf drei Jahre. Ein mehrfach vorgetragener Antrag, ein Zweikammersystem einzuführen, fand keine Mehrheit, es wurde ein solches als zu kompliziert angesehen, besonders auch in Anbetracht der nun erfolgenden Einführung von Initiative und Referendum.

Viel Diskussionsstoff gab das Wahlverfahren für den Kantonsrat. Man war sich zwar darin einig, die noch bestehenden indirekten Wahlen abzuschaffen. Die bestehenden Wahlkreise wurden jedoch als zu gross angesehen, was die Wahlchancen von Minderheiten schmälerte. Das bisherige System von drei Wahlgängen – erst im dritten genügte das relative Mehr – empfand man als zu kompliziert. Vor allem aber hatte das im Jahre 1846 erstmals von Victor Considerant vorgeschlagene proportionale Wahlrecht[71] in der Zwischenzeit in der Öffentlichkeit grossen Widerhall gefunden: Auf Betreiben von Ernest Naville[72] war 1865 in Genf der Verein für Wahlreform gegründet worden, der sich die Einführung dieses Wahlsystems zum Ziele machte; in Zürich setzten sich Georg von Wyss und François Wille dafür ein. Thomas Hare[73] hatte in England ein rudimentäres System eines Proporzwahlverfahrens entwickelt. Dort wurde ferner das System des limitierten Votums und jenes des kumulativen Votums diskutiert; in Genf war mit der Verfassung von 1847 ein die Minderheiten begünstigendes Drittelsmehr für die Wahl des Parlamentes[74] und in Dänemark bereits 1854 ein rudimentäres Proporzwahlrecht eingeführt worden, allerdings nur für indirekte Wahlen in die zweite Kammer.

Im Verfassungsrat wurden folgende Wahlreformvorschläge vorgetragen: Karl Bürkli wollte nach dem Mehrheitswahlsystem in lokalen Wahlkreisen 150 und zusätzlich 30 Repräsentanten in einem einzigen

---

[71] KÖLZ, Verfassungsgeschichte (Anm. 1), S. 540 ff.

[72] ERNEST NAVILLE, 1816–1909. Philosoph. 1844 Professor für Geschichte der Philosophie an der Akademie in Genf, 1848 Absetzung. Lehrer für Philosophie am Freien Gymnasium. 1859–1860 Professor der Theologie. Bekannter Vortragsredner und Apologist des Christentums. Eifriger Verteidiger der Proporzwahl. Verfasser verschiedener philosophischer Werke.

[73] THOMAS HARE, 1806–1891. Englischer Reformpolitiker und Rechtsanwalt. Verfasser von «The elections of representatives» (1873).

[74] KÖLZ, Verfassungsgeschichte (Anm. 1), S. 525.

kantonalen Wahlkreis wählen lassen. Er erhoffte sich, es würde dadurch «mehr Intelligenz in den Grossen Rat gebracht». Johann Caspar Sieber schlug vor, durch das Volk 1000 Personen wählen zu lassen und daraus für jedes Jahr der insgesamt dreijährigen Amtsdauer je 150 Männer durch das Los auszuwählen. Er begründete diese Wahlart damit, er wolle eine «bescheidene Stellung» des Grossen Rates und «keinen Markt um die Stellen» für den Rat; es solle «keine Vertretung der Gemeindeinteressen gegenüber den allgemeinen Interessen des Volkes» stattfinden. Ging es Sieber wirklich darum, oder wollte er mit dem Losverfahren nicht vielmehr nach dem Vorbild der Demokratie Athens und der Helvetik den dauernden Einfluss starker Persönlichkeiten im Rat verhindern? Johann Jakob Treichler schlug vor, dass die auf kantonaler Ebene zu Wählenden mit einem Drittel der Stimmen im ersten Wahlgang gewählt würden; er berief sich ausdrücklich auf das Vorbild Genfs und wollte damit die Minderheiten zu einer besseren Vertretung kommen lassen.[75] Diese Vorschläge waren im Verfassungsrat chancenlos und wurden nicht lange diskutiert.

Den Hauptdiskussionsstoff lieferte der Antrag von Georg von Wyss in der Kommission des Verfassungsrates und von François Wille im Gesamtrat. Die beiden Liberal-Konservativen wollten nämlich nichts anderes als das seinerzeit von Victor Considerant vorgeschlagene proportionale Wahlverfahren in etwas modifizierter Form verwirklichen. Georg von Wyss sagte, eine Repräsentative solle «möglichst genau und in annäherndem Verhältnisse die Anschauungen und Interessen des repräsentierten Körpers in sich enthalten...».[76] Daher sollen die Sitze so vergeben werden, dass jedem Teile der Wählerschaft, der den Quotienten aus der Gesamtzahl der Wähler und der Zahl der zu Wählenden erreicht, ein Repräsentant gebühre. Auf diese Weise nur erziele man die Gleichberechtigung aller Wähler, so dass die Stimme jedes Einzelnen in gleichem Masse bei jedem Entscheide der Repräsentative mitzähle. Gehe man nach dem Mehrheitswahlsystem vor, so werde «jener oberste Grundsatz der Gleichberechtigung Aller von vornherein ganz bei Seite gesetzt». Denn hier beginne man, so Wille weiter, «das Volk zu scheiden, und zu erklären, das nur den Einen – der Majo-

---

[75] Verhandlungen der Kommission vom 17. Juni 1868.

[76] Verhandlungen der Kommission vom 16. Juni 1868.

rität – Recht und Theil an dieser mittelbaren Verwaltung der allgemeinen Angelegenheiten, an der Bestellung von Bevollmächtigten hiefür zustehe, dass den Andern hingegen – der Minorität – ein solches Recht nicht zukomme, sondern dieselben davon auszuschliessen seien». Eine offenkundigere Verletzung des obersten Gesetzes des ganzen Gemeinwesens, der politischen Gleichberechtigung aller Bürger, könne es gar nicht geben. Die Wahlen würden, so fuhr Wille in Anlehnung an Considerant weiter, beim bestehenden Wahlmodus zu einem Kampf und oft zum erbittertsten und leidenschaftlichsten Streit. Denn niemand lasse sich ohne Widerstand ein natürliches Recht entreissen und es würden alle Anstrengungen gemacht, um zu den Privilegierten zu gehören und die Gegner in die «Reihe der Rechtlosen hinabzudrücken». Der Erfolg dieses Kampfes sei jedesmal eine «Unwahrheit und eine Ungerechtigkeit»; die gewählten Bevollmächtigten gälten dann «als diejenigen des ganzen Volkes, während sie es in Wirklichkeit nicht sind». Dort, wo unter ihnen im Parlament selbst wieder nur eine Mehrheit entscheide, könne es leicht geschehen, dass in Wirklichkeit die Bevollmächtigten von kaum einem Viertel des Volkes, also «der entschiedenen Minderheit desselben», die öffentlichen Angelegenheiten lenken und über die Mehrheit herrschen, schloss Wille.[77] Das von konservativer Seite vorgetragene neue Wahlsystem fand beim Sozialdemokraten Krebser Unterstützung: Dieses Wahlsystem sei «der einzige Weg ..., die Minderbegüterten in den Ratssaal zu führen».

Die Vertreter der demokratischen Mehrheit räumten zwar ein, es liege im vorgeschlagenen neuen Wahlsystem «etwas Gerechtes» und der Vorschlag verdiene Anerkennung. Doch wandte man ein, das neue Verfahren sei zu kompliziert, werde vom Volk nicht verstanden, es würden dann «alle möglichen Sonderinteressen» zur Aufstellung von Wahlkandidaten Anlass geben, ja es werde eine «zersetzende Kraft auf das Volksleben» ausüben, es zerreisse das Volk in «möglichst viele Parteien». Der sonst konservative von Wyss zeigte im Zusammenhang mit dieser Frage geradezu aufklärerische Fortschrittlichkeit, wenn er dem Einwand, das vorgeschlagene Wahlverfahren sei zu kompliziert, wie folgt begegnete: Es sei ja «nicht die blosse Einfachheit, sondern die Gerechtigkeit der Zweck aller staatlichen Einrichtungen, und (es)

---

[77] Verhandlungen vom 16. September 1868.

besteht der Fortschritt im gesellschaftlichen und staatlichen Leben gerade in der Ersetzung unvollkommener Anfänge durch vollkommenere, wenn auch weniger einfache Organismen ... Wenn man richtig bemerkt habe,» so fuhr von Wyss weiter, «eine Lokomotive sei komplizierter als ein Postwagen; wird man darum bei letzterem stehen bleiben wollen?».[78] Ein Verfassungsrat führte dagegen aus, es gebe eine «Menge von Sätzen», die sich «in der Theorie» vorzüglich ausnehmen würden und «vollständige philosophische Wahrheit» beanspruchen könnten, mit denen es aber «ganz anders» stehe, sobald man sich an die «praktische Ausführung» mache. Und schliesslich wurde auch geltend gemacht, es handle sich um ein «ausländisches Erzeugniss», Dänemark liege «etwas weit von uns». Ein für die damalige Situation charakteristisches und wirksames Argument gegen das Proportionalwahlverfahren war die bevorstehende Einführung der direkten «Volksgesetzgebung»: Das Volk würde dann in seinen Abstimmungen Gesetze annehmen oder verwerfen und nicht danach fragen, ob sie vom Kantonsrat mit grosser oder kleiner Mehrheit vorgeschlagen worden seien. Und schliesslich: Die Neuerung vertrage sich nicht mit dem beschlossenen Grundsatz, wonach die Kantonsräte ihre Stimme so abgeben müssten, wie es dem «Wohle des ganzen Kantons zuträglich» sei.[79]

Ein zentrales, im Gesamtrat nur ansatzweise vorgebrachtes Argument gegen das proportionale Wahlsystem war das rein politische: Die Demokraten, welche nach hartem Kampfe den Liberalen die Macht im Staate entrissen hatten, wollten nicht nur im Verfassungsrat, sondern auch im künftigen Kantonsrat eine starke Mehrheit haben, die sie bei Geltung des neuen Wahlsystems gefährdet sahen, vor allem von seiten der Rechten: «Wir müssen jetzt neuen Ideen Geltung verschaffen, und da darf man nicht von der Minoritätenvertretung ausgehen. In Epochen wie der gegenwärtigen handelt es sich darum, dass die Majorität einmal mit Kraft auftrete...»[80] Dem Antrag auf Einführung des proportionalen Wahlsystems stimmten nur 14 von 169 anwesenden Verfassungsräten zu. Der Sozialdemokrat Krebser «versicherte» den unterlegenen Herren von Wyss und Wille prophetisch, «dass die Idee

---

[78] Verhandlungen vom 16. September 1868.

[79] Verhandlungen vom 16. September 1868.

[80] Verhandlungen der Kommission vom 16. Juni 1868.

sich Bahn brechen wird trotz aller jetzigen Verurtheilungen».[81] François Wille hatte schon ein paar Tage zuvor resignativ festgestellt, Anträge der Minderheit hätten «in dieser Versammlung» wenig Aussicht auf Erfolg, «und nur das Pflichtgefühl und die Aussicht auf die Zukunft kann zu Abänderungsanträgen bestimmen, obgleich Jeder, der das Wort nimmt, immer von Neuem hofft, dass die Mehrheit zeigen werde, dass sie sich nicht ganz den Gründen der Minderheit verschliessen könne».[82]

Nach langer Diskussion beschloss der Verfassungsrat, bei der Verteilung der Kantonsratssitze nicht auf die Zahl der Stimmberechtigten, sondern auf die Zahl der Gesamtbevölkerung («Seelen») abzustellen. Im praktischen Ergebnis führte dies zu einer etwas stärkeren Vertretung der Gegenden mit hohem Ausländeranteil und damit der Städte Zürich und Winterthur.

Heftig wurde um die Frage der Ausrichtung einer Entschädigung an die Kantonsräte debattiert. Man war sich zwar der sozialen Problematik der bisher rein ehrenamtlichen Ausübung eines Mandates bewusst, war aber gleichzeitig stark von dieser Konzeption beeinflusst – gewiss eine Nachwirkung der klassischen liberalen Lehre des Parlamentarismus von Benjamin Constant[83].[84] Die Befürworter des Taggeldes sagten, der Kantonsrat müsse demokratisch und dürfe nicht «plutokratisch» zusammengesetzt sein; man sei auch auf das «Talent in den Hütten» angewiesen. Anderseits hegte man Befürchtungen wegen der Unpopularität der Festsetzung eines Taggeldes. Der Verfassungsrat beschloss daher in der ersten Lesung, auf ein solches zu verzichten und nur eine Reiseentschädigung auszurichten. In der zweiten Lesung

[81] Verhandlungen vom 16. September 1868.

[82] Verhandlungen vom 11. September 1868.

[83] BENJAMIN CONSTANT, 1767–1830. Der berühmte Schriftsteller und Politiker wurde in Lausanne als Sohn einer aus Frankreich emigrierten Hugenottenfamilie geboren. Während der Französischen Revolution politisch den Girondisten nahestehend. Vertreter des Repräsentativsystems und der bürgerlichen Freiheitsrechte. In der Restaurationszeit Führer der Liberalen in der Französischen Nationalversammlung. Anhänger der konstitutionellen Monarchie. Bedeutender Theoretiker der schweizerischen Regeneration.

[84] KÖLZ, Verfassungsgeschichte (Anm. 1), S. 240, 344 f.

kam man auf die Frage zurück und setzte ein «mässiges» Taggeld fest.[85] Der in den Volksversammlungen und in Petitionen geforderte Ausschluss aller Staatsbeamten aus dem Kantonsrat fand hingegen keine Mehrheit – wohl deshalb, weil die Demokraten nicht gewillt waren, ihren eigenen beamteten Anhängern ein politisches Wirken zu verunmöglichen. Weil es sich hier um eine ausgesprochene Machtfrage handelte, wurde darüber nicht offen diskutiert.

Wahl und Organisation des Regierungsrates, Wahl der Ständeräte

Es fällt auf, dass bei den Bestimmungen über den Regierungsrat weniger und weniger engagiert diskutiert wurde als bei denjenigen über den Kantonsrat. Dies hing vor allem damit zusammen, dass das Machtzentrum Zürichs in der vorhergehenden liberalen Ära Alfred Eschers im Parlament gelegen hatte. Die von letzterem gewählten und von ihm abhängigen neun Regierungsräte hatten zur Zeit des damaligen Gesetzgebungsstaates wirklich fast ausschliesslich verwaltende Funktionen inne, wie es in der Regenerationsverfassung von 1831 vorgezeichnet war. In Anbetracht des verhältnismässig geringen Umfanges der Verwaltungstätigkeit war der Regierungsrat weit weniger zu einem politischen Problem geworden als das Parlament. Nur in einer einzigen, aber zentralen Frage erhitzten sich die Gemüter, nämlich ob die Regierungsräte wie bisher durch das Parlament oder neu direkt vom Volk gewählt werden sollten. Die Argumente, die dafür oder dagegen vorgebracht wurden, entsprachen ungefähr denjenigen, wie sie 1846 in Genf vorgetragen worden waren:[86] Gegen die Volkswahl wurde wiederum geltend gemacht, Kantonsrat und Regierungsrat könnten miteinander in Konflikt geraten, wie Johann Jakob Scherer ausführte. Weiter wurde argumentiert, das Volk könne die zu wählenden Regierungsräte weder in bezug auf Charakter noch Tüchtigkeit beurteilen. Es sei falsch, sagte ein weiterer Verfassungsrat, «mit Einem Ruck eine so gewaltige Summe von Volksrechten einzuführen», mit denen auch neue Lasten und Pflichten verbunden seien. Die Gegner der Volks-

---

[85] Art. 34 der Verfassung.

[86] KÖLZ, Verfassungsgeschichte (Anm. 1), S. 526 ff.

wahl der Regierungsräte brachten weiter vor, es würde durch jene der Kantonsrat «bedeutend» geschwächt. Die Befürworter der Volkswahl entgegneten darauf, es wäre inkonsequent, das Volk zum Gesetzgeber zu machen, ihm aber die Wahl derjenigen, welche die Gesetze anwenden, vorzuenthalten. In vielen Fällen sei die Anwendung der Gesetze die Hauptsache, erzeuge mehr Unzufriedenheit als der Erlass derselben. Es sei im übrigen kein Unglück, wenn die beiden Behörden nicht immer ein und derselben Meinung seien. Die Befürworter der Volkswahl machten eigentlich weniger gewichtige Gründe als die Gegner derselben geltend; dennoch wurde sie mit 107 gegen 57 Stimmen beschlossen. Verantwortlich dafür war das allgemeine demokratische Credo der Mehrheit, das die direkte Volkswahl aller bedeutsamen Amtsträger bedingte. Aus diesem Grunde wurde auch die direkte Volkswahl der Ständeräte beschlossen, obwohl Johann Jakob Rüttimann geltend machte, in Amerika denke «kein Mensch» an die Volkswahl der Senatoren. Zürich war damit der erste Nicht-Landsgemeindekanton, der die direkte Volkswahl der Ständeräte einführte; das Beispiel sollte in anderen Kantonen – und in Amerika bezüglich der Senatoren – bald Schule machen!

Im übrigen setzte man die Zahl der Regierungsräte auf sieben herab, begrenzte die Amtsdauer des Regierungspräsidenten und Vizepräsidenten auf ein Jahr, hielt am 1849 eingeführten Direktorialprinzip fest und bestimmte, dass nicht mehr als zwei Regierungsräte den eidgenössischen Räten angehören dürften. Die Öffentlichkeit der Verhandlungen des Regierungsrates wurde mit 93 gegen 65 Stimmen abgelehnt.

Wahl und Organisation der Gerichte

Die Justiz war auch im Kanton Zürich in den Dreissigerjahren weitgehend neu organisiert worden. Die Gerichte waren von allen Einflüssen der Regierung befreit und nach französisch-helvetischem Muster hierarchisch und rational organisiert worden. Es waren indessen zahlreiche Gesetze und insbesondere Prozessordnungen auf der Grundlage des römischen Rechts erlassen worden, die infolge ihres formalistischen Charakters nur von geschulten Juristen zu handhaben waren und deshalb ein Advokatenmonopol bedingten. Die Obergerichte erhielten in allen Regenerationskantonen eine herausragende Stellung, so dass sich der Solothurner Radikale Simon Kaiser[87] 1860 zur Bemerkung veranlasst sah, jene würden in vielen Kantonen «in einer Anwandlung justinianischen Dünkels ihre Stellung vergessen und sich zu Souveränen aufwerfen...».[88] Bereits Ende der Dreissigerjahre waren in den konservativ-demokratischen Bewegungen von Zürich, Luzern und Solothurn entsprechende Klagen vorgetragen worden.[89] Dieses Misstrauen des Volkes hatte sich in Zürich während der Entfaltung des «Systems» noch verstärkt. Die Justiz wurde als unvolkstümlich und zu kostspielig, die Gerichtsämter einschliesslich des Advokatenberufes als Pfründen der liberalen Führungsschicht betrachtet, die Rechtsprechung in gewissen Fällen als in deren Interesse angesehen. Nicht von ungefähr hatte der Pamphletist Friedrich Locher seine Schriften in erster Linie gegen Justizpersonen, insbesondere gegen den Obergerichtspräsidenten, gerichtet. Im Verfassungsrat wurde daher die «Popularisierung» der Gesetzgebung und «Rechtsprechung» verlangt, denn wo «die Gesetzgebung Volkssache» sei, da dürfe auch «die Anwendung des Rechtes nicht eine unvolkstümliche sein und das Eigenthum einer gelehrten Kaste werden».[90]

Es war deshalb unbestritten, das 1851 eingeführte Geschworenengericht beizubehalten. Eine starke Strömung ging ausserdem dahin, auch für privatrechtliche Streitigkeiten die Laiengerichtsbarkeit einzuführen («Ziviljury»); für Streitigkeiten zwischen Fabrikarbeitern und Ar-

---

[87] SIMON KAISER, 1828–1898. Fürsprecher und Notar. Führender Politiker der linksfreisinnigen «Roten Partei» in Solothurn und der Radikalen auf Bundesebene. Vollzog 1856 zusammen mit Wilhelm Vigier und Amanz Affolter den radikalen Umschwung in Solothurn. Im gleichen Jahr Sekretär des solothurnischen Verfassungsrates. 1859–1888 Mitglied des Kantonsrates. 1857–1887 Mitglied des Nationalrates, 1868/69 und 1883/84 dessen Präsident. 1857 Direktor der Solothurnischen Bank und Verwaltungsrat verschiedener grossindustrieller Solothurner Betriebe. Setzte sich politisch für die Zentralisation und für die Kulturkampfartikel ein. Führer der altkatholischen Bewegung. Wissenschaftlich-schriftstellerisch tätig. Verfasser des ersten systematischen Werkes zum modernen schweizerischen Staatsrecht: «Schweizerisches Staatsrecht» (in drei Büchern) (1858–1860).

[88] KÖLZ, Verfassungsgeschichte (Anm. 1), S. 361.

[89] KÖLZ, Verfassungsgeschichte (Anm. 1), S. 414, 420 f., 438.

[90] Verhandlungen vom 2. Dezember 1868.

beitgebern sollte die Einrichtung der «Biedermänner» (prud'hommes) eingeführt werden. Ferner wurde anstelle des schriftlichen das für einfache Bürger leichter zu handhabende mündliche Prozessverfahren gefordert und gleichzeitig vermehrte Öffentlichkeit nicht nur der Verhandlungen, sondern auch der Beratung der Gerichte verlangt. Die Advokatur sollte freigegeben werden, denn «die Zeit gehe nach Befreiung aller wissenschaftlichen Berufsarten von ihren Fesseln».[91] In Wirklichkeit dürften die hohen Tarife der Anwälte und vor allem die Tatsache, dass die meisten von ihnen zum «System» gehörten, für diese Forderung massgebend gewesen sein. Die aus der Helvetik stammenden, bereits bestehenden Friedensrichter fanden indessen weiterhin Zustimmung; die Wahl der Bezirksrichter beliess man beim Volk. Ein Antrag auf direkte Volkswahl der Oberrichter und des Gerichtsschreibers wurde hingegen abgelehnt; man wolle, so wurde gesagt, nicht wie in Baselland «bis auf die Waibel» alles durch das Volk wählen.

Weil man sich bei vielen Fragen der neuzuschaffenden Gerichtsorganisation nicht einigen konnte, delegierte man das meiste an die einfache Gesetzgebung und legte in der Verfassung nur Grundsätze fest, so die Erledigung der Prozessverfahren im Sinne möglichster «Rechtssicherheit» sowie «rascher und wohlfeiler Erledigung». Ferner wurde festgeschrieben, ein von kompetenter richterlicher Stelle gefälltes Urteil dürfe weder von der gesetzgebenden noch von der administrativen Gewalt aufgehoben werden. Die Einrichtung der Geschworenengerichte für Verbrechen und politische Vergehen sowie Presseprozesse wurde in der Verfassung festgeschrieben, die Einrichtung der «Ziviljury» durch das Gesetz möglich gemacht. Die der Verfassungsrevision folgende Gesetzgebung sollte dann auf die Einführung der letzteren verzichten. Hingegen sollte die demokratische Mehrheit dann 1874 ein selbständiges Kassationsgericht einführen; dieses war im Verfassungsrat kaum diskutiert worden, obwohl es in einer Petition verlangt und in seinem Herkunftsland, Frankreich, 1791 vor allem deshalb geschaffen worden war, um die Justiz zur Beachtung der demokratisch geschaffenen Gesetze zu zwingen.[92]

---

[91] Verhandlungen vom 11. März 1869.

[92] JACQUES GODECHOT, Les institutions de la France sous la Révolution et l'Empire (1985), S. 153 f.

Organisation der Bezirke und Gemeinden

In der Regenerationszeit war der Kanton entsprechend der damals herrschenden gesamtschweizerischen Strömung zentralistisch organisiert worden. Demgemäss erhielten die Bezirke keine und die Gemeinden nur geringe Autonomie.[93]

Was die *Bezirke* betrifft, so änderte der Verfassungsrat an deren Organisation nichts Wesentliches, nachdem die direkte Volkswahl aller Bezirksbeamten bereits 1865 eingeführt worden war.

Hingegen wurde die Stellung der *Gemeinden* durch die Zuerkennung stärkerer Autonomie verbessert, nachdem in den vier Volksversammlungen vom 15. Dezember 1867 und in Petitionen die «Hebung der Gemeindefreiheit» verlangt worden war. Allgemein verstärkte man Aufgaben und Bedeutung der in der Helvetik geschaffenen Einwohnergemeinden und drängte die alten Zivilgemeinden zurück. Neben die Einwohnergemeinden stellte man spezielle Schulgemeinden; dadurch wollte man die Schulen von kirchlichen Einflüssen freihalten. Die Befürworter einer Trennung von Staat und Kirche hofften damit gleichzeitig, die Kirchgemeinden würden früher oder später überhaupt wegfallen. Den Einwohnergemeinden übertrug der Verfassungsrat zudem Befugnisse, die vorher den Kirchgemeinden zugestanden hatten. Eine Richtung im Verfassungsrat wollte die Besorgung des Armenwesens ganz den Einwohnergemeinden übertragen, konnte sich aber nicht durchsetzen, so dass die Kirchgemeinden hier weiterhin in Konkurrenz zu jenen zuständig blieben.[94] Auch eine starke Strömung, bei der Armenunterstützung das Heimatprinzip ganz durch das Wohnsitzprinzip zu ersetzen, fand keine Mehrheit, weshalb hier ein Kompromiss statuiert wurde.[95]

Insgesamt wurde die Stellung der Gemeinden doch deutlich verstärkt, indem diese fortan ihre Angelegenheiten «innerhalb der Schranken der Verfassung und der Gesetze selbständig» ordnen durften und vor Aufhebung ihrer Beschlüsse durch obere Behörden geschützt wur-

---

[93] Kölz, Verfassungsgeschichte (Anm. 1), S. 365 ff.

[94] Art. 52 der Verfassung.

[95] Art. 54 der Verfassung.

den.[96] Verfassungsrat Theodor Ziegler[97] war gegenüber dieser «lebhaften Betonung der Gemeindefreiheit» skeptisch, und zwar aus einer grundsätzlichen staatstheoretischen Überlegung heraus: Die Demokratie bestehe zugunsten der «Freiheit des einzelnen Bürgers» und nicht darin, «dass zwischen dem einzelnen Bürger und dem Organe der Gesamtheit eine Masse von Mittelbehörden gesetzt werden».[98] Ziegler erweist sich damit als Anhänger des individualistischen nationalen Einheitsstaates; er sollte später als Nationalrat aus denselben staatstheoretischen Gründen die Abschaffung des Ständerates fordern.

Verhältnis des Staates zur Kirche

Die Regelung des Verhältnisses des Staates zur Kirche konnte noch in einer Zeit vor den den Kulturkampf entfachenden Beschlüssen des Ersten Vatikanischen Konzils von 1870 vorgenommen werden. Dem Verfassungsrat standen drei Möglichkeiten der Regelung des Verhältnisses des Staates zur Kirche offen. Als erste die Beibehaltung der bestehenden Ordnung der offiziellen reformierten Landeskirche in der Rechtsform einer öffentlichen Körperschaft, unter Beifügung einer aus Pfarrern und Laien gebildeten gemischten Kirchensynode. Als zweite Möglichkeit stand ebenfalls die Bewahrung der bisherigen Rechts- und Organisationsform der Landeskirche zur Diskussion, jedoch unter ausdrücklicher Garantie der individuellen Glaubens-, Kultus- und Lehrfreiheit der einzelnen und des Ausschlusses jeden kirchlichen Zwanges gegen letztere; damit verbunden waren Säkularisierungsmassnahmen. Die dritte Lösungsmöglichkeit war die vom früheren Pfarrer und

---

[96] Art. 48 der Verfassung.

[97] THEODOR ZIEGLER, 1832–1917. Enkel des bekannten originellen Fabrikanten Jakob Ziegler-Pellis. Studium der Rechte, Rechtsanwalt. 1866–1873 Stadtschreiber und 1873–1875 Stadtpräsident von Winterthur. 1868/69 Mitglied des Verfassungsrates. 1869–1877 Mitglied des Kantonsrates. 1869 Mitglied des Ständerates. 1875–1878 Direktor der Nationalbahn. Verfasser einiger Broschüren zur Eisenbahnfrage. Wegen des Zusammenbruchs der Nationalbahn, deren Hauptinitiant er war, musste er aus dem politischen Leben zurücktreten. 1879–1911 erneut Rechtsanwalt, Mitglied des Grossen Stadtrates von Winterthur.

[98] Verhandlungen vom 18. November 1868.

Landbote-Redaktor Gottlieb Ziegler vorgeschlagene völlige Trennung von Staat und Kirche.

Der Verfassungsrat entschied sich bezeichnenderweise für die zweite Lösung, obwohl neben Ziegler auch andere prominente Mitglieder wie der Liberale Johann Jakob Rüttimann, der Demokrat Johann Caspar Sieber und der Sozialdemokrat Karl Bürkli für eine Trennung von Staat und Kirche waren; Rüttimann fand unter Berufung auf Amerika, er könne «den Grundsatz der Glaubensfreiheit mit demjenigen der Landeskirche nicht in Einklang bringen». Sieber gab jedoch eine bezeichnende Begründung für die Entscheidung der Demokraten zugunsten der Beibehaltung der Landeskirche, wenn er sagte, sein prinzipieller Standpunkt würde ihn auf «die Seite des Herrn Ziegler und zu dem amerikanischen System hinüberführen», es liessen ihn aber die «vorwaltenden Umstände» diesen Schritt nicht als tunlich erscheinen. Was meinte er mit diesen «vorwaltenden Umständen»? Wohl einmal die Tatsache, dass die breite Bevölkerung in religiösen Angelegenheiten immer konservativer eingestellt war als die führenden Kreise und daher einer so radikalen Änderung der kirchlichen Verhältnisse kaum zugestimmt hätte. Das ergab sich auch aus den eingereichten Petitionen. Den Demokraten war auch bewusst, dass sie sich bei ihrer Bewegung teilweise auf die gleichen mittelständisch-kleinbürgerliche Volkskreise stützten, welche sich 1839 durch das Schreckgespenst der «Religionsgefahr» zum Züriputsch hatten mobilisieren lassen. Die führenden Demokraten wollten daher nicht die zahlreichen, vielfach mit jenen der Volksbewegung von 1839 identischen demokratischen, wirtschaftlichen und sozialen Neuerungen dieses kirchlichen Problems wegen scheitern lassen. Also änderte der Verfassungsrat an der eigentlichen Kirchenorganisation nur wenig und führte nur, einer demokratischen Forderung entsprechend, die Pflicht der Pfarrer ein, sich alle sechs Jahre einer Bestätigungswahl durch die Kirchgemeinde zu unterziehen. Von Bedeutung waren immerhin die Verstärkung der Religionsfreiheit und einige Säkularisierungsmassnahmen: Neu wurde ausdrücklich die Kultusfreiheit und die Lehrfreiheit in der Verfassung verankert und «jeder Zwang» in Glaubenssachen ausgeschlossen; die «bürgerlichen Rechte und Pflichten» behielt man dem Glaubensbekenntnis vor.[99] Neu wurde das Recht der Bürger verankert, die Ehe-

---

[99] Art. 63 der Verfassung.

schliessung durch einen bürgerlichen Zivilstandsbeamten vornehmen zu lassen; die obligatorische Zivilehe wollte man der Kirche nicht aufzwingen; die Führung der Eheregister übertrug man jedoch dem Staat. Unter der Verwaltung der Kirche blieben jedoch die Friedhöfe, und die Kirchgemeinden durften in Konkurrenz zu den politischen Gemeinden weiterhin das Armenwesen besorgen.

Erziehungswesen

Die Regenerationsverfassung hatte das Erziehungswesen nur sehr knapp geregelt.[100] Der Verfassungsrat hielt dies für ungenügend und erarbeitete unter der Leitung von Johann Caspar Sieber ein wegweisendes Konzept aus, das an den Erziehungsplan Condorcets[101] im französischen Nationalkonvent und an die Pläne Stapfers[102] zur Reform des Erziehungswesens in der Helvetik angelehnt ist. Drei staatliche Erziehungsziele wurden formuliert, nämlich erstens die Förderung der «allgemeinen Volksbildung», zweitens die Sicherstellung der «Berufstüchtigkeit aller Volksklassen» und drittens die Förderung der «repu-

[100] Art. 20 der Verfassung; KÖLZ, Quellenband I (Anm. 1), S. 293.

[101] MARIE JEAN CONDORCET, 1743–1793. Studium der Mathematik. Zuerst Sekretär der Académie des sciences, dann Generalinspektor der Währung. 1782 Mitglied der Académie française. In der Zeit der Französischen Revolution unterstützte er gemässigte liberale Bestrebungen. Condorcet trat unter anderem für progressive Einkommenssteuern, soziale Ausgleichskassen, die Geburtenkontrolle und das Frauenstimmrecht ein und bekämpfte die Sklaverei. 1791 wurde er in die Nationalversammlung gewählt, wo er zwar keiner «Partei» beitrat, jedoch oft mit den Girondisten stimmte. 1793 wurde er von den Montagnards zusammen mit den Girondisten aus dem Nationalkonvent ausgestossen und zur Verhaftung ausgeschrieben. Vermutlich nahm er sich im Gefängnis mit Gift das Leben.

[102] PHILIPP ALBERT STAPFER, 1766–1840. Geboren in Bern als Sohn des Pfarrers am Berner Münster. Studium der Theologie, Pfarrer in Bern. 1792 Professor für Philologie und alte Sprachen an der Berner Akademie und am politischen Institut Bern, 1796 auch für theoretische Theologie und Direktor des Politischen Instituts. 1798 Ernennung zum Helvetischen Minister der Wissenschaften und Künste. Enorme bildungspolitische und nationalkulturfördernde Tätigkeit. 1800 Helvetischer Gesandter in Paris. 1802/03 Mitglied der Consulta. 1803 Rückzug aus dem politischen Leben. Von da an wissenschaftliche und schriftstellerische Tätigkeit in Paris.

blikanischen Bürgerbildung». Die ersten beiden Zielsetzungen waren unbestritten, während der Begriff der «republikanischen» Bürgerbildung näherer Erklärung durch die Urheber bedurfte. Gemeint war einerseits eine bessere Erziehung in bezug auf die nun sehr weit gefassten Volksrechte; man dachte an die «instruction civique» zwecks Heranbildung der für die Demokratie nötigen «Bürgertugend». Zu diesem Zweck plante man die Schaffung einer speziellen «Zivilschule», welche an die Stelle von kirchlichem Unterricht hätte treten und staatsbürgerliche Kenntnisse hätte vermitteln sollen. Wenn man sich vergegenwärtigt, dass die Schweiz zu jenem Zeitpunkt – zusammen mit San Marino – die einzige Republik – also Nicht-Monarchie – in Europa war, wird auch die Sorge um eine republikanische Erziehung der Jugend verständlich: «Die Republik thut nicht gut daran, wenn sie in Fragen des Rechtes, der Nationalökonomie und der geschichtlichen Fächer monarchisch gesinnte Lehren und Lehrer in den Anschauungen ihrer studirenden Jugend Raum gewinnen lässt und dafür die Kenntnis ihrer Institutionen vernachlässigt», führte ein Verfassungsrat aus.[103]

Etwas umstritten, jedoch klar mehrheitsfähig war die Festlegung der Unentgeltlichkeit des obligatorischen Volksschulunterrichtes. Auch bei dieser Forderung ist die Bestimmung ihrer Herkunft nicht schwer: Im Verfassungsrat berief sich Salomon Bleuler auf Artikel VIII der Präambel der französischen Verfassung der Zweiten Republik von 1848, worin stand, die Republik müsse den allen Menschen unentbehrlichen Unterricht jedem zugänglich machen; die dortigen Verfassungsschöpfer hatten sich ihrerseits wiederum auf den Erziehungsplan Condorcets im Nationalkonvent bezogen.[104] Aus derselben Quelle beziehungsweise dem Erziehungsmodell Stapfers stammen die organisatorischen Festlegungen des Erziehungswesens durch den Verfassungsrat, wobei besonders die verfassungsrechtliche Verankerung des Erziehungsrates zu erwähnen ist.[105] Die Lehrer unterwarf man, gleich wie die Pfarrer, einer alle sechs Jahre zu erfolgenden Bestätigungswahl durch das Volk.

[103] Verhandlungen vom 25. November 1868.

[104] Kölz, Verfassungsgeschichte (Anm. 1), S. 52, 129 ff.

[105] Art. 62 der Verfassung.

Wirtschaftliche Fragen

Je mehr sich der Staat mit der Gesellschaft identifiziere, desto mehr habe er die Aufgabe, an der Lösung wirtschaftlicher und sozialer Fragen mitzuarbeiten. Von diesem im Verfassungsrat geäusserten Satz ging man bei der Lösung dieser Fragen aus.[106] Zürich hat als erster Kanton in weitausgreifender Regelung wirtschaftliche und soziale Gegenstände in sein Grundgesetz aufgenommen. Die Auseinandersetzungen hierüber nahmen breiten Raum ein, denn hier stiess das demokratische Staats- und Wirtschaftsverständnis in besonders harter Weise auf das liberale. Die Kantone waren zu jener Zeit noch weitgehend «integrale» Staatswesen: Weil der Bund über nur geringe Zuständigkeiten im Bereich der Wirtschaft und des Abgabenwesens verfügte, waren die Kantone volkswirtschaftliche und soziale Einheiten und konnten solche Fragen weitgehend nach Gutdünken regeln. Zürich mit seiner schon weit entwickelten Industrie hat davon in besonders starkem Masse Gebrauch gemacht, wie die volks- und staatswirtschaftlichen Grundsätze des zweiten Teils der neuen Verfassung zeigen. Die Verfassungsräte waren sich der grossen Bedeutung dieses Teils der neuen Verfassung auch deshalb bewusst, weil die Wirtschaftslage von 1864 an eine krisenhafte Entwicklung genommen hatte.

Die Ausgestaltung der Grundsätze über die *Abgaben* war die vielleicht schwierigste vom Verfassungsrat zu bewältigende Aufgabe. Nicht nur, dass diese Frage das Volk stark bewegte und dieses in zahlreichen Petitionen die Beseitigung insbesondere der indirekten Abgaben gefordert hatte. Es bestand auch keine Einigkeit darüber, ob die neue Verfassung überhaupt Abgabegrundsätze enthalten oder ob diese Problematik nicht dem einfachen Gesetzgeber überlassen werden solle; letzteres sei, so wurde argumentiert, nach der Einführung der direkten Volksgesetzgebung einfacher geworden als früher, denn das Volk könne dann seine Meinung zu bestimmten Abgaben kundtun. Es setzte sich indessen die Meinung durch, die wichtigsten Grundsätze der künftigen Abgabenerhebung in der Verfassung festzuschreiben – zum Vorteil der Nachwelt, denn kaum anderswo als hier kann der sozialpolitische Standort der Demokraten so gut eruiert werden.

---

[106] Verhandlungen vom 5. November 1868.

Es bestand die Grundtendenz, die ärmeren Bevölkerungskreise steuerlich zu entlasten. «Alle Steuerpflichtigen haben im Verhältnisse der ihnen zu Gebote stehenden Hülfsmittel an die Staats- und Gemeindelasten beizutragen», hiess es daher am Anfang des die Abgaben regelnden Verfassungsartikels 19. «Geringe Vermögen arbeitsunfähiger Personen sowie von jedem Einkommen ein zum Leben unbedingt nothwendiger Betrag sind steuerfrei.»

Umstritten war die verfassungsrechtliche Statuierung der bereits in der Französischen Revolution diskutierten Progressivsteuer.[107] Diese existierte im Kanton bereits in der Gesetzgebung für Einkommen, nicht aber für Vermögen. «Will man die kleinen Beträge unbesteuert lassen, so muss man das andere wachsend besteuern», wurde etwa zugunsten der Progressivsteuer gesagt. Karl Bürkli setzte sich ebenfalls für diese ein und erinnerte sich an seine Schulzeit, wo man ihn gelehrt habe, eine «Republik könne nur bei gleichmässigen Vermögensverhältnissen bestehen».[108] Gegner der Progressivsteuer warfen dieser vor, es würde dadurch «Fleiss und Sparsamkeit» besteuert. Unter Namensaufruf wurde schliesslich im Verfassungsrat nach viertägiger Debatte mit 129 gegen 67 Stimmen die Progressivsteuer angenommen, allerdings eine solche nach dem Grundsatze «mässiger und gerechter» Progression. Ein Antrag, Einkommen aus Vermögen solle wesentlich höher belastet werden als dasjenige, welches von «Anstellungen, Arbeit oder Thätigkeit jeder Art herrührt», fand keine Berücksichtigung.

Der Verfassungsrat führte ausserdem eine Erbschaftssteuer ein, wobei die Meinung dahin ging, bei Nachkommen und bei kleinen Erbschaften darauf zu verzichten, sie aber vorzusehen «bei lachenden Erben in dem Masse, als sie Grund zum Lachen haben progressiv nach der Entfernung der Verwandtschaft und Grösse der Erbschaft».[109] Es herrschte eine negative Stimmung gegenüber den indirekten Abgaben, doch war es nicht möglich, diese ganz zu beseitigen. So wurde nur bestimmt, es dürften keine neuen Steuern «auf den Konsum unentbehrlicher Lebensmittel» eingeführt werden. Erstaunen mag in Anbe-

---

[107] Kölz, Verfassungsgeschichte (Anm. 1), S. 88.

[108] Verhandlungen der Kommission vom 1. Juli 1868.

[109] Verhandlungen vom 27. Oktober 1868.

tracht der demokratisch-egalitären Verfassungspolitik der Mehrheit, dass im Ratsplenum – im Gegensatz zur vorberatenden Kommission – die Erhebung einer allerdings geringen «Aktivbürgersteuer» beschlossen wurde. Das Stimmrecht sei durch die Einführung von Referendum und Initiative aufgewertet worden und Personen mit niedrigen Einkommen seien von den Steuern befreit worden, so dass sich eine Abgabe von zwanzig Franken pro Jahr wohl rechtfertigen lasse, wurde hiefür geltend gemacht. Wenn auch diese geringe «Aktivbürgersteuer» nicht als Element eines Zensuswahlrechts angesehen werden kann, so ergab sich zusammen mit den übrigen verfassungsrechtlichen Ausschlussgründen wie dauernde Armengenössigkeit, schuldhafter Konkurs und entehrende Verbrechen oder Vergehen doch eine respektable Zahl von 8760 oder 11,5 Prozent erwachsenen Schweizer Männern ohne Stimmrecht.[110]

Soziale Fragen

Im Gegensatz zu den entmachteten Liberalen waren die Demokraten sozialen Fragen gegenüber prinzipiell aufgeschlossen, wie unter anderen der Abgabeartikel und die Bestimmungen über das Armenwesen der neuen Verfassung zeigten. Allerdings stiess ihre Bereitschaft zur Vornahme sozialer Reformen an die Grenzen, welche von der neuzeitlichen liberalen Wirtschaftsdoktrin vorgezeichnet waren: Garantie des Privateigentums, individualistisch ausgerichtete Wirtschaftsfreiheit, freier Verkehr von Personen, Waren, Geld sowie freie Organisationsformen für die wirtschaftliche Betätigung. Es verwundert daher nicht, dass ein sozialpolitisches Kernstück der Verfassung, nämlich der Genossenschafts- und Arbeiterschutzartikel 23, zu heftigsten Auseinandersetzungen Anlass gab. Die von der vorberatenden Kommission unter dem Einfluss von Karl Bürkli vorgesehene Pflicht des Staates, «die Entwicklung des Genossenschaftswesens zu schützen und zu fördern», wurde im Verfassungsrat von der demokratischen Mehrheit sehr skeptisch, von der liberalen Minderheit scharf ablehnend beurteilt. Letztere erblickte in einer solchen Bestimmung den Anfang einer

---

[110] Erich Gruner, Die Wahlen in den Schweizerischen Nationalrat 1848–1919, Bd. III, Bern 1978, S. 352.

59

gefährlichen Entwicklung in Richtung einer Kollektivierung der Wirtschaft. Karl Bürkli nährte diese Befürchtungen der Liberalen noch, indem er durchblicken liess, es gehe hier um den ersten Schritt zur Umgestaltung des Kantons und seiner Industrie in einen «sozialdemokratischen Staat»: Weil aber die Grossindustrie nicht republikanisch, sondern «monarchisch» organisiert sei und «sich die Politik immer nach den Formen der Arbeit modelt», so müsse naturgemäss die politische Form sich «zum Cäsarismus zuspitzen». Die Gesellschaft treibe, so Bürkli mit Ausdrücken der französischen Frühsozialisten, «einem industriellen Feudalwesen, einem modernen Mittelalter mit einer neuen Art Leibeigenschaft oder kollektiver Sklaverei zu». Das wichtigste von allem sei daher die «allmälige Republikanisierung der Industrie durch Arbeitergenossenschaften, sogenannte Productivassociationen». Indem der Verfassungsrat der vorgeschlagenen Förderung des Genossenschaftswesens zustimme, bekenne er, dass der Staat, wenn nicht die Hauptsache, aber doch etwas in dieser Sache tun müsse. Diese Reorganisation der Industrie würde sich natürlich, so Bürkli weiter, nicht von «heut auf morgen» machen lassen; die Produktivassoziationen würden «wie die Saat aus dem gesunden Boden heraus wachsen, und die Aufgabe des Staates wäre bloss die, durch Kreditbewilligung das Aussprossen dieser neuen Gebilde ... zu ermöglichen und zu erleichtern». Seien sie mal gross gewachsen, so schloss Bürkli seine Vision, so würden sie auch ohne Staatshilfe, von selber mit der Privat-Grossindustrie fertig werden, «und eingedenk der Hülfe des Staates werden diese Arbeitergenossenschaften die kräftigste Stütze der Republik bilden, an welcher alle Systemgelüste und aristokratischen Tendenzen scheitern werden».[111] Der Verfassungsrat stimmte schliesslich der Förderung der Genossenschaften mit Bedenken zu.[112]

Ebenfalls auf Widerstand stiess die Absicht Bürklis und Krebsers, eine Bestimmung zum Schutze der Arbeiter zu erlassen. Gedacht war damit, der gesetzlichen Einführung der Elfstunden-Höchstarbeitszeit, der Beschränkung der Frauen- und Kinderarbeit sowie der Einführung eines Minimallohnes den Weg zu bereiten. Es wurde von den Gegnern insbesondere die Befürchtung ausgesprochen, die Verfassung schaffe

[111] Verhandlungen vom 5. November 1868.
[112] Art. 23 der Verfassung.

hier eine besondere Kategorie, ja eine «Klasse» von Arbeitnehmern, während es auch in anderen Erwerbszweigen Beschäftigte gebe, welche des Schutzes bedürften. Der Gedanke der Festlegung eines Minimallohnes wurde von liberaler Seite als irreal bezeichnet und in der Folge auch von den Antragstellern fallengelassen. Salomon Bleuler, Hans Rudolf Zangger, Johann Jakob Keller und weitere sozialpolitisch engagierte Demokraten setzten sich indessen für die Arbeiterschutzbestimmung ein, und sie wurde schliesslich vom Gesamtrat gegen den Widerstand der Liberalen auch angenommen.

Artikel 23 der Verfassung lautete in der endgültigen Formulierung wie folgt: «Der Staat fördert und erleichtert die Entwicklung des auf Selbsthülfe beruhenden Genossenschaftswesens. Er erlässt auf dem Wege der Gesetzgebung die zum Schutze der Arbeiter nöthigen Bestimmungen.» Damit hatte der Verfassungsrat verfassungsrechtliche und sozialpolitische Pionierarbeit geleistet, wie sie seit der sozialpolitischen Phase der Französischen Revolution von 1792 nur noch in der Präambel der französischen Verfassung von 1848 anzutreffen war, dort jedoch zu keinen Wirkungen gelangte. Der Arbeiterschutzartikel 23 der neuen Zürcher Verfassung leitete in der Schweiz eine sozialpolitisch geprägte Verfassungsgebung ein, welche in der Bundesverfassung von 1874 und schlussendlich in den neuen Wirtschaftsartikeln der Bundesverfassung von 1947 ihren Niederschlag finden sollte.[113] Es entsprang diese zukunftsweisende Verfassungsgebung allerdings nicht allein der sozialpolitischen Einsicht des von der liberalen Wirtschaftstheorie geprägten Verfassungsrates; vielmehr wirkte auch noch eine Dosis Angst vor dem Aufkommen einer starken, womöglich revolutionären Arbeiterbewegung mit. So sagte etwa der Demokrat Hans Rudolf Zangger: «Wir können uns nur Glück wünschen, wenn wir damit diese Angelegenheit noch vor dem Sturm unter Dach bringen, wie es einem guten Hausvater ansteht.» Und auch Bleuler wünschte sich keinen gefährdeten, sondern einen Staat, der «in sich gesichert sei». Und Bürkli schürte solche Befürchtungen, wenn er in Anspielung auf die französische Februarrevolution von 1848 ausführte: «Unser Schwyzerhüsli ist angebaut an den grossen Schopf Frankreich, wo so unendlich viel Zündstoff angehäuft ist; werden wir bei Ausbruch eines Bran-

---

[113] VON GREYERZ (Anm. 1), S. 1062.

des nicht froh sein, unser soziales Haus wohl bestellt zu haben, dadurch, dass wir der arbeitenden Klasse gegenüber das Menschenmögliche gethan haben?»[114]

Während der Gesetzgeber nach einem ersten gescheiterten Versuch recht wirksame Bestimmungen zum Schutze der Fabrikarbeiter erlassen sollte, so wurde die Förderung des Genossenschaftswesens vom Kanton Zürich nicht ernsthaft betrieben, und die hart erkämpfte Bestimmung sollte weitgehend wirkungslos bleiben.

Weil in Petitionen vielfach verlangt, legte der Verfassungsrat die Verpflichtung des Staates fest, die «erste militärische Ausrüstung der Wehrpflichtigen» zu bezahlen. Ferner wurde er verpflichtet, die bedürftigen Gemeinden im Armenwesen zu unterstützen; er sollte ihnen auch bei der Erziehung armer Kinder, bei der Förderung der Krankenpflege und der Besserung verwahrloster Kinder beistehen.

Freiheitsrechte und Gleichheit

Weil es sich um eine *demokratische* Bewegung handelte, wurde auf die individuellen Freiheitsrechte weniger Gewicht gelegt, als dies 1831 der Fall gewesen war. Es lag jedoch in der Linie der Demokraten, nun die politisch wichtige Vereins- und Versammlungsfreiheit als geschriebene Rechte anzuerkennen. Ganz in der Linie der Demokraten lag es auch, neben der Freiheit von Kunst und Wissenschaft nun die Handels- und Gewerbefreiheit voll zu schützen. Ferner schützte man die persönliche Freiheit stärker als bisher, insbesondere vor Übergriffen durch Polizei und Gerichte. Das Strafrecht soll nach «humanen Grundsätzen» ausgestaltet werden, und die Kettenstrafe sowie die Todesstrafe verbot man nun absolut. Der Kanton Zürich wurde nun nach Freiburg und Neuenburg der dritte Kanton mit kompromissloser Abschaffung der Kapitalstrafe, nachdem diese in der Bundesverfassung von 1848 nur für «politische» Vergehen beseitigt worden war. Bei der Diskussion um die Abschaffung der Todesstrafe standen sich die Demokraten und die oppositionellen Liberalen ausnahmsweise nicht als politische Blöcke gegenüber; vielmehr verfocht auch die Mehrheit der Liberalen die Beseitigung von Todes- und Kettenstrafe. Dem eindrück-

[114] Verhandlungen vom 5. November 1868.

lichen, fundierten Referat des liberalen Rechtsprofessors Johann Jakob Rüttimann für die Abschaffung der Todesstrafe dürfte es vor allem zuzuschreiben sein, dass unter Namensaufruf mit nicht weniger als 195 gegen 6 Stimmen in diesem Sinne entschieden wurde.[115] Und schliesslich beschloss der Rat, den unschuldig Verurteilten eine verfassungsmässige Garantie einer «angemessenen» Entschädigung zu gewähren.

Die Neuerungen der Verfassung im Bereiche der persönlichen Freiheit, des Strafrechts, des Arbeitnehmerschutzes, der Armen- und Krankenfürsorge, der Erziehung und des Abgabewesens lassen die Charakterisierung der Demokratischen Bewegung als «humanitär-soziale» Bewegung als durchaus treffend erscheinen.

Über Fragen der formalen Gleichheit wurde in der Konstituante nur wenig diskutiert; man trachtete vielmehr danach, soziale Verbesserungen und grössere Chancengleichheit in praktischer Hinsicht zu erreichen. Insoweit erhielt die neue Verfassung ein starkes *egalitäres* Element, wie es seit den französischen Verfassungen der Revolution in keiner anderen Staatsverfassung enthalten war.

Kantonalbank

Mehrere Schweizer Kantone hatten, mit Bern 1834 beginnend, Bankinstitute zugunsten der Kreditbedürfnisse der Landwirte und Gewerbetreibenden geschaffen oder staatlich unterstützt. Im Kanton Zürich war bereits anlässlich des «Züriputsches» 1839 in Petitionen die Gewährung von Krediten durch den Staat verlangt worden.[116] Seither war die Schaffung eines vom Staat zu begründenden privaten oder halbstaatlichen Kreditinstitutes oder einer öffentlichrechtlichen Kantonalbank mehrfach verlangt, von der liberalen Grossratsmehrheit jedoch stets abgelehnt worden.

Es war für die Mehrheit des Verfassungsrates aufgrund der Beschlüsse der vier «Landsgemeinden» sowie zahlreicher Petitionen klar, dass ein derartiges Kreditinstitut geschaffen werden müsse. Dafür setzte sich der dann «Bankvater» genannte Johann Jakob Keller schon in der

---

[115] Referat abgedruckt im Protokoll vom 1. September 1868.

[116] KÖLZ, Verfassungsgeschichte (Anm. 1), S. 413.

Kommission vehement ein. Die Widerstände der Liberalen waren bei diesem Anliegen auch besonders heftig, denn eine Staatsbank widersprach den herrschenden Lehren der Nationalökonomie, ja war in den Augen jener geradezu ein ordnungspolitischer «Sündenfall». Die Befürworter der Staatsbank hingegen machten geltend, heute regiere «Geld die Welt» und schilderten die Kreditnot derjenigen Leute, welche nicht über die nötigen Beziehungen zu Geldgebern verfügten; betroffen sei hier vor allem die Bevölkerung in den entlegenen Gebieten «abseits der Hauptstadt». Die Schwierigkeiten der Geldbeschaffung zu tragbaren Zinsen hätte sich noch verschärft, seit «Massen von Kapital sich Bankgeschäften und grossartigen industriellen und anderen Aktienunternehmungen zuwendeten, von denen die Eisenbahnen nach Umfang und Geldkonsum in erster Linie» stünden. Vor allem Johann Jakob Keller wies auf die Realität willkürlicher Hypothekarkreditkündigungen durch private Banken und andere private Geldgeber hin, welche sogar die politische Freiheit und Entscheidungsfähigkeit der Bevölkerung behindere. Es gehe damit bei der Kantonalbankfrage auch um die Demokratie, denn «Volksherrschaft ohne Volksselbständigkeit» sei, so Keller, «nur ein tönendes Erz und eine klingende Schelle». Das Volk müsse daher durch die Gründung einer Kantonalbank von der «Macht des Geldes» befreit werden. Der Bürger brauche sich dann nicht mehr «unterwürfig ... vor diesem oder jenem Geldmann zu beugen», denn dann sei «ein Jeder vor den Gesetzen der Bank gleich geachtet».[117] Um die Kantonalbank nicht zu einem politischen Instrument werden zu lassen, sah man eine von der Regierung unabhängige Bankverwaltung vor. Im übrigen warnten auch demokratische Befürworter der Staatsbank vor übertriebenen Hoffnungen in diese Neuerung. Weil bei dieser Frage vieles noch offenbleiben und auf die Gesetzgebung verwiesen werden mussten, wurde nur beschlossen, der Staat errichte «zur Hebung des allgemeinen Kreditwesens beförderlich eine Kantonalbank».[118]

[117] Verhandlungen des Verfassungsrates vom 6. März 1868.
[118] Art. 24 der Verfassung.

Verkehr

Bei den Verkehrsfragen spielte selbstverständlich die Eisenbahnpolitik die zentrale Rolle. Die Fronten waren hier vorgegeben: Die Liberalen verteidigten die privatrechtliche Rechtsstellung sowie die Art und Weise der Geschäftsführung der Nordostbahn Alfred Eschers. Die Demokraten hingegen waren für Staatsbau und Staatsbetrieb der Eisenbahnen im Sinne des Berner Radikalen Jakob Stämpfli[119]. Die Kommission hatte daher in ihrem Entwurf den Eisenbahnartikel 26 – ganz gegen die Nordostbahn gerichtet – wie folgt formuliert: «Die Eisenbahnen, welche um ihrer volkswirtschaftlichen Bedeutung willen mit ausserordentlichen Privilegien vom Staate begünstigt wurden, sind unter dessen Aufsicht dieser Bestimmung entsprechend zu verwalten. Falls dieser Zweck nicht auf anderem Wege erreicht werden kann, wird der Staat auf beschleunigte Übernahme der Eisenbahn Bedacht nehmen». Dieser zweite Absatz, der eine Verstaatlichung ermöglicht hätte, wurde dann vom Gesamtrat als zu radikal gestrichen. Der dritte Absatz, ebenfalls von der Nordostbahnpolitik bestimmt, wurde vom Verfassungsrat gebilligt und sollte den mit Eisenbahnen nicht «bedienten» Landgebieten des Kantons entgegenkommen: «Diejenigen Gebietstheile des Kantons, welche in Hinsicht auf Bevölkerung, Verkehr und Bedürfnis mit denjenigen auf gleicher Linie stehen, welche mit Staatshülfe zu Eisenbahnen gelangt sind, haben ebenfalls Anspruch auf gleichmässige Berücksichtigung». Die liberale Opposition hat der demokratischen Mehrheit vorgeworfen, diese Bestimmung deshalb beschlossen zu haben, um die Landgebiete für die Volksabstimmung über die Verfassung zu gewinnen.

[119] JAKOB STÄMPFLI, 1820–1879. Der Berner Politiker stammte aus einer einfachen Bauernfamilie. Studium der Rechte, Fürsprecher. 1844 Gründer und Redaktor der radikalen «Berner Zeitung». 1846 eines der einflussreichsten Mitglieder und Sekretär des bernischen Verfassungsrates. Führer der Radikalen in Bern und in der Eidgenossenschaft. 1846–1850 Mitglied des Regierungsrates, 1849 dessen Präsident. 1851–1854 Mitglied des Bundesgerichtes. 1848–1854 und 1863–1879 Mitglied des Nationalrates, 1851 und 1875 dessen Präsident. 1854–1863 Mitglied des Bundesrates, mehrmals Bundespräsident. 1858 Mitgründer der «Männerhelvetia» mit Salomon Bleuler. 1863–1878 Mitglied des bernischen Grossen Rates, mehrmals dessen Präsident. 1863 Gründer der Eidgenössischen Bank, die er bis 1878 leitete.

Die Demokraten versuchten sich dann nach ihrem Sieg selber in der Eisenbahnpolitik. Zwecks Konkurrenzierung der Nordostbahn Eschers und einer Verstärkung der Stellung Winterthurs im Bahnverkehr zulasten Zürichs gründeten sie die Nationalbahn, welche als «Volksbahn» Konstanz mit Genf hätte verbinden und die Kleinstädte sowie die ländlichen Gebiete hätte «bedienen» sollen. Das Unternehmen sollte indessen scheitern und der Stadt Winterthur grosse Verluste bringen.

Übergangsbestimmungen, Schlussabstimmung und Volksabstimmung

Auf unsicherem Rechtsboden bewegten sich die Demokraten bei den Übergangsbestimmungen. Eigentlich hätten diese, wie ein Vertreter der Opposition verlangte, als Teil der neuen Verfassung dem Volk vorgelegt werden sollen, denn es war darin unter anderem für den Fall der Annahme der Verfassung nichts weniger als die sofortige Neuwahl des Parlamentes, des Regierungsrates und der beiden Ständeräte auf den 9. Mai 1869 festgelegt worden. Stattdessen beschloss der Verfassungsrat die Übergangsbestimmungen in der Form eines blossen Dekretes des Verfassungsrates. In etwas unwürdiger und rechtlich fragwürdiger Weise sah Artikel 1 der Übergangsbestimmungen für den Fall der Annahme der Verfassung im Sinne eines «Köders» die baldige Herabsetzung des Salzpreises vor, gleich wie dies der Thurgauer Verfassungsrat 1831 getan hatte![120]

Harte Auseinandersetzungen verursachte die Frage, ob das Volk über die Verfassung gesamthaft, abschnittweise oder gar artikelweise abstimmen können solle. Mehrere führende Demokraten hatten zunächst eine Abstimmung in Teilen befürwortet, im wesentlichen mit der Begründung, das Volk könne sich dann differenzierter äussern, was demokratischer sei. Je näher aber der Abstimmungstermin rückte, desto nervöser wurde die Stimmung in beiden Lagern und desto mehr wurde diese Frage zu einer Macht- und Parteifrage. Die Liberalen hofften – natürlich unausgesprochen –, sie könnten den Entwurf besser bekämpfen, wenn er dem Volk artikelweise vorgelegt würde; ihre Ar-

[120] KÖLZ, Verfassungsgeschichte (Anm. 1), S. 232.

gumentation nach aussen war nun plötzlich unglaubwürdig demokratisch! Die Demokraten befürchteten dasselbe und zusätzlich noch, dass sich das Verfahren im Fall der Ablehnung von einzelnen Teilen verlängern könnte. Nicht ausgesprochen, aber als Machtfrage wesentlich, war natürlich die Befürchtung der Demokraten, der Schwung ihrer Bewegung könnte infolge eines komplizierten Abstimmungsverfahrens und einer allfälligen zeitlichen Verlängerung desselben verlorengehen. Einzelne Demokraten befürchteten bei einer Abstimmung in Teilen sogar «Anarchie» – vielleicht nicht ganz zu Unrecht, wenn man die auf dem Spiel stehenden Wirtschaftsinteressen und Machtpositionen berücksichtigt und gleichzeitig den unüberbrückbaren Gegensatz zwischen den Inhalten der neuen Verfassung und der Politik des bisherigen «Systems» betrachtet. Mit 116 gegen 77 Stimmen entschied der Verfassungsrat für gesamthafte Volksabstimmung über den Entwurf; als Datum wurde der 18. April 1869 festgelegt. Ebenfalls rechtlich heikel und umstritten war der am selben Tag gefasste Mehrheitsbeschluss, wonach im Falle eines negativen Ausganges der Volksabstimmung die Wahl eines neuen Verfassungsrates durchzuführen sei, denn die bisherige Verfassung enthielt darüber keine Bestimmung. Am 31. März 1869 fand die Schlussabstimmung statt: Für den Entwurf stimmten 163, dagegen 56, und es enthielten sich 14 Verfassungsräte der Stimme.

Nach letzten harten Auseinandersetzungen in der Öffentlichkeit stimmten am 18. April 1869 bei einer Stimmbeteiligung von 91 Prozent 35'458 Ja gegen 22'366 Nein. Von den elf Bezirken stimmten 7, darunter Winterthur besonders deutlich, für die neue Verfassung; die Bezirke Zürich, Affoltern, Horgen und Meilen lehnten ab. Die am 9. Mai mit dem ersten Wahlgang beginnenden Neuwahlen brachten den Demokraten im Kantonsrat eine Mehrheit von etwa drei Fünfteln der Sitze. Für alle sieben Regierungsratssitze sowie die beiden Ständeratssitze wurden Demokraten gewählt. Nach diesem Personenwechsel in den obersten Behörden wurden mehrere Dutzend liberale Staatsbeamte nicht wiedergewählt und durch demokratisch gesinnte ersetzt. Bei den Nationalratswahlen im Herbst 1869 wurde die zürcherische Vertretung ebenfalls mehrheitlich mit Demokraten neu bestellt, was wesentliche Auswirkungen auf die Politik und Verfassungsgebung des Bundes haben sollte.

Gewaltfreie Umwälzung

Die Zürcher Demokratische Bewegung bildete den Höhepunkt der Demokratischen Bewegung in der Schweiz. Die neue Zürcher Verfassung galt nun in den anderen Kantonen als Musterbeispiel, denn keine andere Kantonsverfassung hat die Volksrechte so weit und so vollständig normiert und keine hat in so weitgehender Weise soziale und wirtschaftliche Fragen geregelt. Die Zürcher Verfassung von 1869 galt als «Monument» der modernen Demokratie und wurde in vielen Kantonen in grösseren Teilen oder in Einzelbereichen übernommen, so namentlich in den Kantonen Thurgau, Bern, Solothurn, Luzern und Aargau. Diese Rezeption dauerte gut dreissig Jahre lang, bis zur Jahrhundertwende beinahe alle Kantone das Referendum, die Initiative, die Volkswahl des Regierungsrates, allgemein stark erweiterte Wahlrechte des Volkes sowie zahlreiche weitere Elemente des neuen Staatsverständnisses verwirklicht hatten. Die Zürcher Verfassung von 1869 beeinflusste auch die Bundesverfassung von 1874 in wesentlichen Teilen.

Betrachtet man die Vorgeschichte der Zürcher Demokratischen Bewegung, das «Landsgemeinde-Programm» von 1867, die Verhandlungen des Verfassungsrates, die Verfassung, alle eingereichten Petitionen und den Verlauf der politischen Vorgänge, so können vielleicht folgende Feststellungen gemacht werden: Es handelt sich bei der Zürcher Demokratischen Bewegung um einen in der Geschichte fast einzigartigen Fall eines ohne Gewalt verlaufenen vollständigen Wechsels der politischen Macht, verbunden mit einer breiten und tiefgehenden Reform der öffentlichen Institutionen, die sich als dauerhaft erweisen sollten. Keine gewalttätige Revolution fand statt, kein Putsch, kein Staatsstreich wurde verübt, sondern es entwickelte sich eine breite politische Bewegung, die dank der Einrichtung der Volksinitiative auf Verfassungsänderung in eine «legale Revolution» münden konnte. Hatte nicht Condorcet, der Schöpfer der modernen Volksinitiative, im Jahre 1789 geschrieben, dem Volk müsse ein legales und reguläres Mittel zur Verfügung stehen, damit es nicht versucht werde, zur Gewalt zu greifen?[121] Die Zürcher Demokratische Bewegung war gleich-

---

[121] Originalzitat in: KÖLZ, Verfassungsgeschichte (Anm. 1), S. 80.

zeitig eine Bewegung des Fortschritts und eine solche einer konservativen Opposition gewesen. Ihr Erfolg ist unter anderem darauf zurückzuführen, dass es den leitenden Demokraten gelang, eine Mischung von progressiven und konservativen Programmpunkten zu verwirklichen, welche die gesellschaftliche und politische Situation des Zürchervolkes widerspiegelte.

Charakteristik

Die demokratische Verfassung von 1869 kann vielleicht in dreierlei Hinsicht charakterisiert werden. Sie enthält gegenüber den bisherigen Kantonsverfassungen und der Bundesverfassung von 1848 äusserst weitgefasste Volksrechte, wie sie bis dahin einzig der nie wirksam gewordene girondistische Verfassungsentwurf aus dem Jahre 1793 im revolutionären Frankreich enthalten hatte. «Wir beantragen diesen entscheidenden Schritt, welcher aus dem Repräsentativstaat zur umfassenden Volksherrschaft hinüberführt, im Vertrauen auf die gereifte Einsicht des Volkes und das Vorwalten der guten Kräfte in ihm...» hatte der Verfassungsrat im Frühjahr 1869 an die Stimmberechtigten vor der Abstimmung geschrieben. Dementsprechend waren nun auch die neuen Rechte des Volkes ausgestaltet worden: Dieses konnte fortan bei allen wichtigen Personalentscheiden und Sachfragen seinen Willen geltend machen. Bei derart weitgefasster und realer Volkssouveränität musste die Gewaltenteilung natürlich etwas zurücktreten. Immerhin war man auch hier nicht zu weit gegangen: Die personelle Gewaltenteilung wurde insofern sogar noch verstärkt, als die Mitglieder des Regierungsrates fortan nicht mehr dem Parlament angehören durften; ferner hatte man in der Verfassung, wie gesagt, in fortschrittlicher Weise festgeschrieben, dass unter Vorbehalt des Begnadigungsrechts ein «von kompetenter Stelle gefälltes gerichtliches Urteil ... weder von der gesetzgebenden noch von der administrativen Gewalt aufgehoben oder abgeändert werden» könne. Und der Verfassungsrat hatte es ausdrücklich abgelehnt, nach Inkrafttreten der Verfassung neben Kantons-, Regierungs- und Ständeräten auch das Obergericht einer ausserordentlichen Neuwahl zu unterwerfen. Trotz der demokratischen Radikalität der Bewegung waren also die wesentlichsten rechtsstaatlichen Sicherungen nicht angetastet worden.

Die neue Verfassung ist vom bisherigen formalen Verfassungsverständnis Benjamin Constants in einem grossen Schritt in Richtung eines sozialpolitisch-materialen Verfassungsverständnisses abgegangen. Dies führte dazu, dass nun Gegenstände in der Verfassung einlässlich geregelt wurden, die vorher nicht als «verfassungswürdig» gegolten hatten. Ja, die Verfassung trug diesem neuen Verständnis in derart breiter Weise Rechnung, dass man in den entsprechenden Artikeln einen Vorläufer der heute in den totalrevidierten Kantonsverfassungen üblichen Staatszielbestimmungen und sozialen Garantien sehen kann. Was bereits von Ludwig Snell[122] vorausgesehen worden war, in den Kantonen Waadt 1845 und Genf 1847 nur diskutiert, im Kanton Aargau 1852 und im Kanton Solothurn 1856 vorsichtig versucht, ist nun im Kanton Zürich beinahe systematisch durchgeführt worden: Es wurden humanitär-soziale Bestimmungen sowie wirtschaftliche und finanzpolitische Regelungen in der Verfassung verankert, welche den Staat Zürich vorsichtig in Richtung eines Wohlfahrts- und Erziehungsstaates reformierten, wie er sich in Westeuropa dann erst vom Ersten Weltkrieg an entfalten sollte. Erstmals enthielt nun eine schweizerische Verfassung eine Art Gesetzgebungsprogramm, das vom Gesetzgeber die Verwirklichung der wirtschaftlichen, sozialen, finanziellen und bildungspolitischen Zielsetzungen forderte und nicht mehr wie nach bisherigem Verfassungsverständnis blosse Abgrenzungen zwischen Staat und Gesellschaft sowie Zuständigkeitsregeln umfasste. Gerade wegen dieses wohlfahrtsstaatlichen Gesetzgebungsprogrammes war es für den Erfolg der neuen Verfassung so wichtig, dass die Demokraten im Regierungs- und Kantonsrat sichere Mehrheiten erlangten. Insgesamt hat die zürcherische Verfassung von 1869 denn auch die Politik während vieler Jahrzehnte mit grosser Steuerungskraft beeinflusst.

---

[122] LUDWIG SNELL, 1785–1854. Geboren in Idstein (Nassau), ab 1827 in der Schweiz, formulierte er 1830 das «Küsnachter Memorial», beeinflusste stark das «Memorial von Uster» und verfasste 1831 einen bedeutenden Verfassungsentwurf. 1831–1834 Redaktor der neuen Zeitung «Der Schweizerische Republikaner». 1831 Bürger von Küsnacht. Kurze Zeit Mitglied des Grossen Rates. 1834–1836 Professor der Staatswissenschaften in Bern. Einer der einflussreichsten Theoretiker der liberalen und radikalen Politik in der Schweiz. Sein zweibändiges «Handbuch des schweizerischen Staatsrechts» (1837/44) ist heute noch ein unersetzliches Nachschlagewerk.

Enttäuschungen für die Demokraten sollten in der Folge allerdings nicht ausbleiben, indem sich das Volk in wirtschaftlichen und sozialen Fragen sowie im Bereich des Erziehungswesens weniger progressiv zeigte, als jene gehofft und vorausgesetzt hatten: Mehrmals lehnten die Stimmberechtigten in den folgenden Jahrzehnten mit Hilfe des obligatorischen Gesetzesreferendums ihnen allzuweit gehende Reformen ab. Bereits 1870 lehnte der Souverän ein Arbeiterschutzgesetz ab. Eine für die Demokraten sehr schmerzliche Niederlage war 1872 die Verwerfung des von Johann Caspar Sieber ausgearbeiteten Unterrichtsgesetzes. Dieses Gesetz, das eine Erweiterung der Schulpflicht, eine Vertiefung des Unterrichtes an allen Schulen und die Verlegung der Lehrerausbildung vom Seminar an die Universität vorsah, wurde vom Souverän im Frühjahr massiv abgelehnt.[123] Die Zürcher Demokraten machten nun in dieser und in folgender Abstimmung dieselbe Erfahrung, welche die Befürworter des Referendums auch auf Bundesebene ab 1874 machen sollten: Das Volk verhielt sich allgemein konservativer als erwartet, vor allem in sozialen und Erziehungsfragen. Die nun erweiterte und differenzierte Volksinitiative sollte sich in der Folge eher als ein Instrument der Erneuerung und des Fortschritts erweisen. Das Volk hiess indessen 1882 eine Volksinitiative auf Aufhebung des Impfzwanges gut. Im gleichen Jahr nahm es mit knapper Mehrheit eine Volksinitiative auf Wiedereinführung der Todesstrafe an; dem Kantonsrat gelang es indessen, bei der darauffolgenden Volksabstimmung über den definitiven Text zwei Jahre später, eine knappe Ablehnung zu bewirken. Im Jahre 1913 hiess das Volk gegen den Willen des Kantonsrates eine Volksinitiative auf Einführung des Proporzwahlrechts gut.[124]

Auch die Erwartung der Demokraten von 1869, der Kantonsrat werde künftig zugunsten des Volkes nicht mehr gesetzgebender Körper, sondern nur noch «vorberatende Behörde» sein, hat sich nicht erfüllt. Das Parlament ist das Zentralorgan der zürcherischen Politik geblieben, im Laufe des 20. Jahrhunderts hierin allerdings teilweise vom Regierungsrat abgelöst worden, welcher infolge der Volkswahl

---

[123] DÜNKI (Anm. 1), S. 28.

[124] Siehe die Zusammenstellung der Initiativen bei GROSS/KLAGES (Anm. 1), S. 297 ff., ferner STRÄULI (Anm. 1), S. 47, 117 f.

und des massiven Anwachsens der Verwaltungsaufgaben einen Macht-
zuwachs ohnegleichen verzeichnete.

Staatsideen aus dem «atlantischen» Raum –
Die «Gegengabe» der Schweiz und Zürichs an die
Vereinigten Staaten

Ein erheblicher Teil der Staatsideen, welche 1798, 1831 und 1869 im
Kanton Zürich zur Wirksamkeit gelangten, entstammt den Naturrechts-
lehren der Aufklärung, dem schöpferischen Verfassungsdenken der
Amerikanischen und der Französischen Revolution. Diese im Ausland,
im «atlantischen» Raum entwickelten Staatsideen wurden in der
Schweiz deshalb und in einem Ausmass wie sonst nirgends aufgenommen, weil hier trotz aller aristokratischen Verschüttungen im 17. und
18. Jahrhundert eine demokratische Tradition wachgeblieben war. Reste
eines republikanischen Denkens hatten sich in den eidgenössischen
Städteorten bis 1798 halten können, und die genossenschaftliche Demo-
kratieform war in den Landsgemeindekantonen und, wenigstens auf
Gemeindeebene, auch in den anderen Kantonen teilweise lebendig
geblieben. Aus diesem Grund wurden insbesondere auch die dem west-
lichen Naturrechtsdenken entstammenden individualistischen direkt-
demokratischen Einrichtungen Referendum und Initiative sowie – vereinzelt – das Abberufungsrecht in der Schweiz besonders früh und
nachhaltig übernommen.[125]

In den Neunzigerjahren des letzten Jahrhunderts hatten dann der
Bund sowie alle Schweizer Kantone ausser Freiburg die Volksrechte
Initiative und Referendum eingeführt, acht davon auch das Abberu-
fungsrecht.

Zu Beginn eben dieser Neunzigerjahre sollten dann jenseits des
Atlantiks, vor allem in westlich gelegenen Staaten der amerikanischen
Union, den schweizerischen ähnliche demokratische Bewegungen stattfinden. Nicht nur die wirtschaftlichen und sozialen Probleme, sondern
auch die dort vorgeschlagenen Mittel zu deren Lösung glichen in auf-

---

[125] Dazu eingehend KÖLZ, Verfassungsgeschichte (Anm. 1), S. 615 ff.

72

fälliger Weise denjenigen der industrialisierten Kantone der Schweiz –
dort allerdings dreissig Jahre später als hier. Die in den amerikanischen Staaten entstehenden «populist movements», welche gegen wirtschaftliche Privilegien und Machtmissbräuche durch Politiker, gegen
die Macht der Trusts und für das Wohl der Arbeiter und Kleinbürger
kämpften, sahen als Mittel dagegen gleich wie im Kanton Zürich die
Beseitigung des Repräsentativsystems.[126] Wohl vor allem über schweizerische Auswanderer nach Nordamerika wurden diese amerikanischen
Reformer auf die direktdemokratischen Institutionen in der Schweiz
aufmerksam, vor allem auf diejenigen des Kantons Zürich und jene
des Bundes.[127] Ein New Yorker Publizist und Politiker recherchierte
Ende der Achtzigerjahre mehrere Monate lang in Zürich über die hie-
sige direkte Demokratie, wobei er sich auch bei Karl Bürkli informier-
te, bevor er dieses Gedankengut jenseits des Atlantiks in Schriften ver-
breitete.[128] In der Folge wuchs das Interesse an diesen Einrichtungen
so stark, dass zwischen 1891 und 1898 insgesamt siebzig Publikationen über die Schweiz und ihre Volksrechte erschienen.[129] Dies führte
in heute noch nicht richtig geklärten Vorgängen in zahlreichen, meist
westlich gelegenen Staaten zur Übernahme von Volksinitiative, Referendum und Abberufungsrecht («recall»). Die Übernahme dieser Volksrechte war geschichtlich und staatsrechtlich insofern folgerichtig, als
der demokratische Geist Rousseaus[130] schon anlässlich der Konstitu-
ierung der amerikanischen Staaten im Jahre 1776 wirksam geworden
war und unter anderem das Verfassungsreferendum – sowie die geschriebene Verfassung und den Verfassungsrat – hervorgebracht hatte.

---

[126] Dazu und zum folgenden JAMES H. HUTSON, The Sister Republics, Bern 1992,
S. 75 ff.; QUALE DEALEY, Growth of American State Constitutions 1776–1914,
Boston 1915, S. 169 ff.; LAWRENCE GOODWYN, Democratic promise. The popu-
list moment in America, New York 1976.

[127] Dazu ANDREAS GROSS, Direkte Demokratie in Gliedstaaten der USA, in: Neue
Zürcher Zeitung vom 14./15. August 1999.

[128] GROSS, a.a.O.

[129] HUTSON (Anm. 1), S. 77.

[130] JEAN-JACQUES ROUSSEAU, 1712–1778. Mit seinem Werk «Le contrat social»
(1762), in dem er die Idee der Volkssouveränität entwickelte, schuf der berühmte Genfer Schriftsteller und Kulturphilosoph eine geistige Grundlage des modernen Demokratieverständnisses.

Dieser Geist war ja dann im revolutionären Frankreich samt den genannten Institutionen rezipiert worden; Hauptträger dieser Rezeption in Frankreich dürften der Amerikaner Thomas Jefferson[131] und der Engländer-Amerikaner-Franzose Thomas Paine[132] sowie Condorcet gewesen sein. Letzterer erdachte gestützt auf die amerikanischen Demokratieelemente die Volksinitiative und kombinierte diese mit einem von ihm entwickelten besonderen Abberufungsrecht. Die Schweizer Liberalen und Radikalen übernahmen dann von 1830 an ihrerseits einzelne dieser französisch-amerikanischen Einrichtungen in pragmatischer Weise und setzten sie in der Regenerationszeit in Ansätzen und in der Demokratischen Bewegung im Kampf gegen das politische und wirtschaftliche «Establishment» systematisch in die politische Wirklichkeit um. Diese direkt-demokratischen schweizerischen Einrichtungen eigneten sich nach Meinung der amerikanischen Führer der «populist movements» auch jenseits des Atlantiks dafür, die übermässige Macht der dortigen neuen «Establishments» zugunsten der Wohlfahrt breiter Bevölkerungskreise zu brechen. Auf dem «Umweg» über die Schweiz war also in einem atlantischen Kreislauf demokratisches Gedankengut der Französischen Revolution und der Schweizer Demokratischen Bewegung wieder nach Nordamerika gelangt,[133] welches Fritz Fleiner als «Gegengabe» an dasjenige Land bezeichnete, welches uns die Idee der geschriebenen Verfassung geschenkt habe.[134]

[131] THOMAS JEFFERSON, 1743–1826. Rechtsanwalt in Virginia. Führender Politiker im Kampf gegen die britische Fremdherrschaft. Politische Tätigkeit als Kongressabgeordneter und Gouverneur, Gesandter in Paris, Secretary of State, später Vizepräsident und von 1801–1809 Präsident der USA. Der Verfasser der Unabhängigkeitserklärung von 1776 setzte sich auch für die Autonomie der Bundesstaaten ein.

[132] THOMAS PAINE, 1737–1809. Der Verfasser verschiedener Kampfschriften zur Rechtfertigung des Unabhängigkeitskampfes in Amerika wurde von Benjamin Franklin zu journalistischer Tätigkeit angespornt und nach Amerika mitgenommen. Nach der Rückkehr nach Grossbritannien weiterhin publizistische Tätigkeit in Form von Kampfschriften. Flucht nach Frankreich, wo er nach Erhalt der Staatsbürgerschaft Abgeordneter in der Convention wurde und am girondistischen Verfassungsentwurf mitarbeitete.

[133] Siehe den «Atlantischen Kreislauf moderner Staatsideen», im Anhang dieser Schrift.

[134] FRITZ FLEINER, Entstehung und Wandlung moderner Staatstheorien in der Schweiz, in: Ausgewählte Schriften und Reden, Zürich 1941, S. 163 ff.

Weil das aus dem atlantischen Raum bezogene amerikanische und französische Gedankengut mittlerweile als etwas Eigenes und Schweizerisches empfunden wurde, dürfte es den Zürcher Verfassungsräten von 1869 kaum bewusst gewesen sein, an entscheidender Stelle in einem internationalen Kreislauf der Verbreitung demokratischen Gedankenguts gestanden zu haben.

Anhang 1
Der «Atlantische Kreislauf moderner Staatsideen»

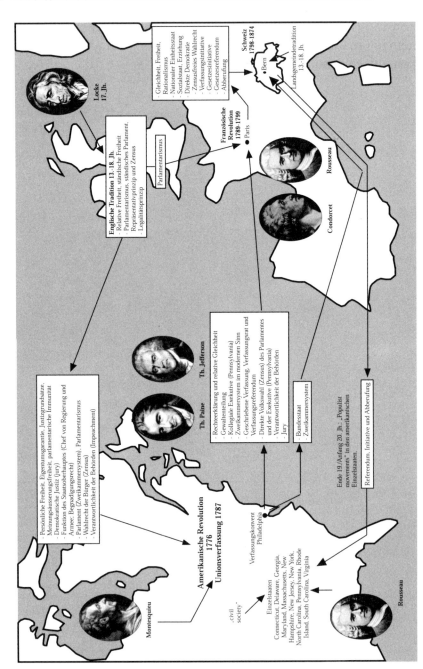

Nähere Angaben: Alfred Kölz. Neuere Schweizerische Verfassungsgeschichte, Bern 1992

«Chaque homme a deux patries, son pays et la france» (Thomas Jefferson)

Anhang 2
Verfassung des eidgenössischen Standes Zürich
Vom 18. April 1869

Das Volk des Kantons Zürich gibt sich kraft seines Selbstbestimmungsrechts folgende Verfassung:

I. Staatsbürgerliche Grundsätze

Art. 1. Die Staatsgewalt beruht auf der Gesammtheit des Volkes. Sie wird unmittelbar durch die Aktivbürger und mittelbar durch die Behörden und Beamten ausgeübt.

Art. 2. Alle Bürger sind vor dem Gesetze gleich und geniessen dieselben staatsbürgerlichen Rechte, soweit nicht durch die Verfassung selbst Ausnahmen festgestellt sind.

Art. 3. Die freie Meinungsäusserung durch Wort und Schrift, das Vereinsrecht und Versammlungsrecht sind gewährleistet. Ihre Ausübung unterliegt keinen andern Beschränkungen als denjenigen des allgemeinen Rechts.

In Anklagen wegen Ehrverletzung kann der Beweis der Wahrheit geleistet werden. Ergibt sich alsdann, dass das als ehrenrührig Eingeklagte wahr ist und mit redlichen Motiven und rechtlichen Endzwecken veröffentlicht oder verbreitet wurde, so ist der Angeklagte freizusprechen.

Art. 4. Der Staat schützt wohlerworbene Privatrechte. Zwangsabtretungen sind zulässig, wenn das öffentliche Wohl sie erheischt. Für solche Abtretungen wird gerechte Entschädigung gewährt. Streitigkeiten betreffend die Grösse der Entschädigung werden von den Gerichten beurtheilt.

Art. 5. Das Strafrecht ist nach humanen Grundsätzen zu gestalten. Die Anwendung der Todesstrafe und der Kettenstrafe ist unzulässig.

Art. 6. Dem wegen eines Verbrechens oder Vergehens Angeschuldigten, sowie dem Geschädigten ist Gelegenheit zu geben, allen Verhandlungen, welche vor dem Untersuchungsrichter stattfinden, beizuwohnen, einen Rechtsbeistand zuzuziehen und an die Zeugen Fragen zu richten, welche zur Aufklärung der Sache dienen können.

Art. 7. Die persönliche Freiheit ist gewährleistet.
Niemand darf verhaftet werden ausser in den vom Gesetze bezeichneten Fällen und unter den durch das Gesetz vorgeschriebenen Formen.

Ungesetzlich Verhafteten ist vom Staat angemessene Entschädigung oder Genugthuung zu leisten.

Zur Erzielung eines Geständnisses dürfen keinerlei Zwangsmittel angewendet werden.

Verhaft als Mittel zur Eintreibung von Schuldforderungen ist unstatthaft.

Art. 8. Das Hausrecht ist unverletzlich.

Zu Hausdurchsuchungen bedarf es entweder der Einwilligung des Wohnungsinhabers oder der Ermächtigung durch einen zuständigen Beamten, welche den Zweck und die Ausdehnung dieser Massregel genau bezeichnen soll. Ausnahmen von dieser Regel sind gestattet, wenn Gefahr im Verzuge ist.

Art. 9. In Fällen gerichtlicher Restitution ist den unschuldig Verurtheilten vom Staate angemessene Genugthuung zu gewähren.

Art. 10. Jeder Beamte ist nach Massgabe der Gesetze sowol dem Staat und den Gemeinden als den Privaten für seine Verrichtungen verantwortlich.

Art. 11. Die Amtsdauer des Kantonsrathes und der sämmtlichen Verwaltungsbehörden und Beamten beträgt drei Jahre, diejenige der Gerichtsbehörden und Notare sechs Jahre.

Für alle Behörden ist die Gesammterneuerung festgesetzt.

In allen Verwaltungs- und Gerichtsbehörden dürfen nicht gleichzeitig sitzen Vater und Sohn, Schwiegervater und Tochtermann, zwei Brüder, zwei Schwäger oder Gegenschwäher.

Art. 12. Ein Beamter, welcher seiner Stelle innerhalb der Amtsdauer und ohne persönliche Verschuldung enthoben wird, hat Anspruch auf volle, und wo diese Enthebung in Folge einer Verfassungs- oder Gesetzesänderung stattfindet, auf billige Entschädigung.

Art. 13. Alle dem Volke zustehenden Wahlen von Kantonal-, Bezirks- und Kreisbeamten werden mittelst der Wahlurne getroffen. Den Gemeinden bleibt freigestellt, diese Wahlart ebenfalls anzuwenden.

Art. 14. Die Kantons- und Schweizerbürger können unter Erfüllung der gesetzlichen Bestimmungen in jeder Gemeinde des Kantons sich niederlassen und das Bürgerrecht erwerben. Die Niedergelassenen dürfen weder andern noch höhern Steuern unterworfen werden als die Bürger; vorbehalten bleibt eine mässige Kanzleitaxe für die Ausfertigung der Niederlassungsbewilligung. Das Recht zur Verweigerung oder zum Entzuge der Niederlassung darf beim Vorhandensein der gesetzlichen Ausweisschriften grundsätzlich nur aus dem Nachweise eines die öffentliche Sicherheit oder Sittlichkeit gefährdenden Lebenswandels hergeleitet werden.

Art. 15. Die Ehe erhält staatliche Gültlichkeit sowol wenn sie nach bürgerlicher als wenn sie nach kirchlicher Form abgeschlossen ist.

Die diessfälligen Verrichtungen der Zivilbeamten, sowie der Geistlichen des Heimat- und des Wohnortes der Brautleute sind unentgeldlich.

Art. 16. Die bürgerliche Handlungsfähigkeit, das Stimmrecht und die Wählbarkeit zu allen Aemtern beginnen gleichzeitig mit dem zurückgelegten zwanzigsten Altersjahr.

Art. 17. Die im Kanton niedergelassenen Schweizerbürger sind in Ausübung aller politischen Rechte den Kantonsbürgern gleichgestellt.

Art. 18. Die Einstellung im Aktivbürgerrecht und in der Wählbarkeit erfolgt:
1) mit dem Verluste der bürgerlichen Handlungsfähigkeit;
2) wegen entehrender Verbrechen oder Vergehen, durch gerichtliches Urtheil;
3) in Folge Konkurses, gleichviel ob durchgeführten oder wieder aufgehobenen, jedoch nur in Fällen der Verschuldung und zwar durch gerichtlichen Entscheid auf die Dauer von 1–10 Jahren;
4) wegen dauernder Almosengenössigkeit und nur während derselben.

II. Volks- und Staatwirtschaftliche Grundsätze

Art. 19. Alle Steuerpflichtigen haben im Verhältnisse der ihnen zu Gebote stehenden Hülfsmittel an die Staats- und Gemeindelasten beizutragen.

Die Steuer vom Einkommen und vom Vermögen ist nach Klassen zu ordnen nach dem Grundsatze mässiger und gerechter Progression.

Geringe Vermögen arbeitsunfähiger Personen sowie von jedem Einkommen ein zum Leben unbedingt nothwendiger Betrag sind steuerfrei.

Die Progression soll beim Einkommen den fünffachen und beim Vermögen den doppelten Betrag des einfachen Steueransatzes nicht übersteigen.

Für die Gemeindelasten kann das Vermögen nur proportional in Anspruch genommen werden. Im Uebrigen wird die Steuerpflicht an die Ausgaben der Gemeinden durch die Gesetzgebung geordnet.

Die Stimmberechtigung verpflichtet zu einem mässigen, auf alle gleich zu verlegenden Beitrag an die öffentlichen Lasten.

Der Staat erhebt eine Erbschaftssteuer progressiv nach der Entfernung der Verwandschaft und der Grösse der Erbschaft. Das Gesetz bestimmt die von dieser Steuer zu befreienden Verwandtschaftsgrade und Minimalsummen.

Die Gesetzgebung wird diejenigen Vorschriften aufstellen, welche zu genauer Ermittlung der Steuerkraft zweckdienlich erscheinen.

Steuerprivilegien zu Gunsten einzelner Privaten oder Erwerbsgesellschaften sind unzulässig.

Es dürfen keine neuen Steuern auf den Konsum unentbehrlicher Lebensmittel eingeführt werden. Die Salzabgabe ist sofort zu vermindern.

Art. 20. Die Kantonal- und Bezirksbeamten, sowie die Notare erhalten, soweit immer möglich, fixe Besoldungen nach Massgabe ihrer Geschäftslast. Die Gebühren und Sporteln fallen in der Regel in die Staatskasse.

Art. 21. Die Ausübung jeder Berufsart in Kunst und Wissenschaft, Handel und Gewerbe ist frei. Vorbehalten sind die gesetzlichen und polizeilichen Vorschriften, welche das öffentliche Wohl erfordert.

Art. 22. Die Besorgung des Armenwesens ist Sache der Gemeinden. Der Staat leistet angemessene Beiträge zur Erleichterung der Armenlasten derjenigen Gemeinden, welche derselben bedürftig sind. Er unterstützt die Anstrengungen von Gemeinden und Vereinen zur Minderung der Armuth, insbesondere zur Erziehung armer Kinder, Förderung der Krankenpflege und Besserung verwahrloster Personen.

Art. 23. Der Staat fördert und erleichtert die Entwicklung des auf Selbsthülfe beruhenden Genossenschaftswesens. Er erlässt auf dem Wege der Gesetzgebung die zum Schutze der Arbeiter nöthigen Bestimmungen.

Art. 24. Er errichtet zur Hebung des allgemeinen Kreditwesens beförderlich eine Kantonalbank.

Art. 25. Die Strassen sollen nach der Bedeutung ihres Verkehrs klassifizirt werden.

Die Lasten des Neubaues und der Unterhaltung fallen dem Staat und den politischen Gemeinden zu.

Die Unterstützung des Staates erstreckt sich auf alle Strassenklassen, die Nebenstrassen ausgenommen.

Art. 26. Die Eisenbahnen, welche um ihrer volkswirthschaftlichen Bedeutung willen ausserordentlicher Privilegien seitens des Staates geniessen, sind unter dessen Aufsicht dieser Bestimmung entsprechend zu verwalten.

Diejenigen Gebietstheile des Kantons, welche in Hinsicht auf Bevölkerung und Verkehr mit denen auf gleicher Linie stehen, welche mit Staatshülfe zu Eisenbahnen gelangt sind, haben ebenfalls Anspruch auf Staatsunterstützung.

Art. 27. Der Staat übernimmt die erste militärische Ausrüstung der Wehrpflichtigen. Ueber den Ersatz des Abganges an Ausrüstungsgegenständen wird das Gesetz das Nähere bestimmen.

III. Gesetzgebung und Volksvertretung

Art. 28. Das Volk übt die gesetzgebende Gewalt unter Mitwirkung des Kantonsrathes aus.

A. Vorschlagsrecht des Volkes

Art. 29. Das Vorschlagsrecht der Stimmberechtigten (Initiative) umfasst das Begehren nach Erlass, Aufhebung oder Abänderung eines Gesetzes oder verfassungsmässig nicht ausschliesslich in die Befugniss des Kantonsrathes fallenden Beschlusses. Derartige Begehren können in der Form der einfachen Anregung oder des ausgearbeiteten Entwurfes gestellt werden und sind im einen wie im andern Falle zu begründen.

Wenn ein Einzelner oder eine Behörde ein solches Begehren stellt, welches von einem Drittheile der Mitglieder des Kantonsrathes unterstützt wird, so muss über dasselbe durch das Volk entschieden werden. Dem Antragsteller oder dem Abgeordneten der antragstellenden Behörde steht das Recht der persönlichen Begründung im Schoosse des Kantonsrathes zu, insofern 25 Mitglieder des Kantonsrathes das Gesuch um persönliche Begründung unterstützen.

Ebenso muss der Volksentscheid veranlasst werden, wenn 5000 Stimmberechtigte oder eine Anzahl von Gemeindeversammlungen, an denen wenigstens 5000 Stimmberechtigte dafür gestimmt haben, ein solches Begehren stellen, insofern der Kantonsrath denselben nicht entspricht. Eine rechtzeitig eingereichte Anregung soll spätestens in der zweitfolgenden regelmässigen Volksabstimmung dem Volke zum Entscheide vorgelegt werden.

Die Anregung, beziehungsweise der Entwurf, ist vor der Abstimmung immer dem Kantonsrathe zu begutachtender Beschlussfassung zu unterbreiten.

Für den Fall, dass ein von der Volksinitiative ausgegangener Gesetzesentwurf zur Abstimmung gelangt , kann der Kantonsrath dem Volke ausser seinem Gutachten auch einen abgeänderten Entwurf zur Entscheidung vorlegen.

B.   Volksabstimmung

Art. 30. Alljährlich zwei Mal, im Frühjahr und im Herbst, findet die Abstimmung des Volkes über die gesetzgeberischen Akte des Kantonsrathes statt (Referendum). In dringenden Fällen kann dieser eine ausserordentliche Abstimmung anordnen.

Der Volksabstimmung sind zu unterstellen:

1) alle Verfassungsänderungen, Gesetze und Konkordate;
2) diejenigen Beschlüsse des Kantonsrathes, welche derselbe nicht endgültig zu fassen befugt ist (s. Art. 31);
3) Schlussnahmen, welche der Kantonsrath von sich aus zur Abstimmung bringen will.

Der Kantonsrath ist berechtigt, bei der Vorlage eines Gesetzes oder Beschlusses neben der Abstimmung über das Ganze ausnahmsweise auch eine solche über einzelne Punkte anzuordnen.

Die Abstimmung findet mittelst der Stimmurne in den Gemeinden statt. Die Betheiligung hieran ist eine allgemeine Bürgerpflicht.

Die Volksabstimmung kann nur bejahend oder verneinend sein.

Bei derselben entscheidet die absolute Mehrheit der bejahenden und verneinenden Stimmen.

Der Kantonsrath ist nicht befugt, Gesetze oder Beschlüsse vor der Abstimmung provisorisch in Kraft zu setzen.

Alle zur Volksabstimmung gelangenden Vorlagen sind spätestens dreissig Tage vor derselben zu veröffentlichen und den Stimmberechtigten einzuhändigen.

C.   Kantonsrath

Art. 31. Dem Kantonsrathe kommt zu:

1. die Berathung und Beschlussfassung über alle Gegenstände, welche der Volksabstimmung unterstellt werden;

2. das Begehren um Einberufung der Bundesversammlung (Art. 75 Abs. 2 der Bundesverfassung);
3. die Verfügung über die Wehrkraft des Kantons, soweit dieselbe nicht vom Bunde beansprucht wird;
4. die Ueberwachung der gesammten Landesverwaltung und der Rechtspflege, sowie die Entscheidung der Konflikte zwischen der vollziehenden und richterlichen Gewalt. Behufs Stellung einer Anklage gegen Mitglieder des Regierungsrathes und des Obergerichtes kann er einen besondern Staatsanwalt ernennen;
5. die endgültige Entscheidung über neue einmalige Ausgaben für einen bestimmten Zweck, welche den Betrag von 250'000 Franken nicht übersteigen, sowie über neue jährlich wiederkehrende Ausgaben bis auf den Betrag von 20'000 Franken;
6. die Festsetzung des jährlichen Voranschlages der Einnahmen und Ausgaben des Staatshaushaltes nach Massgabe der bestehenden Gesetze und Beschlüsse, vorbehältlich der Bestimmungen in Ziffer 5, und die gleichzeitige Bewilligung der entsprechenden Steuer;
7. die Prüfung der Staatsrechnung und der Rechnungen über die Separatgüter, die Sorge für ungeschmälerte Erhaltung des Staatsvermögens und für zweckmässige Aeufnung und Verwendung seines Ertrages;
8. die Ausübung des Begnadigungsrechtes;
9. Die Vornahme der ihm durch die Gesetzgebung zugewiesenen Wahlen;
10. die Wahl seines Bureau.

Art. 32. Der Kantonsrath wird in Wahlkreisen gewählt, deren Zahl und Umfang das Gesetz in der Art bestimmt, dass jedem Kreise wenigstens zwei Mitglieder zufallen.

Die Zahl von 1200 Seelen berechtigt zur Wahl eines Mitgliedes in den Kantonsrath; ein Bruchtheil von über 600 Seelen gilt für voll. Für die Ausmittlung der Seelenzahl ist die eidgenössische Volkszählung massgebend.

Bei der Wahl des Kantonsrathes sollen nur drei Wahlgänge stattfinden; in den beiden ersten entscheidet das absolute, im dritten das relative Mehr.

Art. 33. Die Mitglieder des Regierungsrathes können nicht Mitglieder des Kantonsrathes sein; dagegen haben sie im Kantonsrathe berathende Stimme, das Recht der Antragstellung und der Berichterstattung. Werden Mitglieder des Obergerichtes in den Kantonsrath gewählt, so haben dieselben bei Prüfung des obergerichtlichen Rechenschaftsberichtes bloss berathende Stimme.

Der Kantonsrath kann für einzelne Geschäfte Sachverständige ausser seiner Mitte mit berathender Stimme zuziehen.

Art. 34. Die Sitzungen des Kantonsrathes werden in Zürich abgehalten und sind in der Regel öffentlich. Die Mitglieder desselben erhalten während der Sitzungen ein mässiges Taggeld und eine einmalige angemessene Reiseentschädigung für die Session.

D. Standesstimme und Wahl der Ständeräthe

Art. 35. Das Ergebniss der Volksabstimmung im Kanton mit Bezug auf die Annahme oder Nichtannahme einer Aenderung der Bundesverfassung (Art. 114 der Bundesverfassung) gilt zugleich als Standesstimme. Das in Art. 81 der Bundesverfassung den Ständen eingeräumte Vorschlagsrecht (Initiative) kann sowol durch den Kantonsrath als auf dem Wege des Volksbeschlusses ausgeübt werden.

Art 36. Die beiden Mitglieder des schweizerischen Ständerathes werden durch die gesammte Wählerschaft des Kantons in Einem Wahlkreise gleichzeitig mit den Mitgliedern des Nationalrathes auf drei Jahre gewählt.

IV. Vollziehung und Verwaltung

A. Regierungsrath

Art. 37. Die vollziehende und verwaltende Kantonalbehörde, Regierungsrath, besteht aus sieben Mitgliedern, welche in einem kantonalen Wahlkreise gleichzeitig mit dem Kantonsrathe durch das Volk gewählt werden.

Art. 38. Der Regierungsrath wählt seinen Präsidenten und Vizepräsidenten je auf die Dauer eines Jahres.

Art. 39. Das Amt eines Mitgliedes des Regierungsrathes ist unvereinbar mit irgend einer andern festbesoldeten Stelle. Für die Bekleidung der Stelle eines Direktors oder Verwaltungsrathes einer Aktiengesellschaft ist die Erlaubniss des Kantonsrathes erforderlich.

Von den Mitgliedern des Regierungsrathes dürfen nicht mehr als zwei den eidgenössischen Räthen angehören.

Art. 40. Dem Regierungsrathe kommen wesentlich folgende Pflichten und Befugnisse zu:

1. das Vorschlagsrecht für Gesetze und Beschlüsse vor dem Kantonsrathe;
2. die rechtzeitige Veröffentlichung aller Vorlagen für die Volksabstimmung und der in Kraft getretenen gesetzgeberischen Akte, sowie die Sorge für Vollziehung der Gesetze und der Beschlüsse des Volkes und des Kantonsrathes;
3. die Besorgung des Verkehrs mit dem Bunde und den Kantonen;
4. die Oberaufsicht über das Unterrichts- und Kirchenwesen und über die Besorgung des Armenwesens, sowie über die sämmtlichen ihm untergeordneten Behörden und Beamtungen;
5. die Beurtheilung der Streitigkeiten im Verwaltungsfache in letzter Instanz;
6. die Entwerfung des Voranschlages der Einnahmen und Ausgaben des Staatshaushaltes und der Separatgüter, die Vorlegung der bezüglichen Jahresrechnungen sowie eines Berichtes über seine sämmtlichen Verrichtungen zu Handen des Kantonsrathes;

7. die Bestellung seiner Kanzlei und die Ernennung aller derjenigen Beamten und Angestellten, deren Wahl nicht durch Verfassung und Gesetz einem andern Wahlkörper übertragen ist.

Art. 41. Der Regierungsrath wählt auf die für die Verwaltungsbeamten festgesetzte Amtsdauer die Staatsanwaltschaft, welcher die Pflicht obliegt, die strafbaren Handlungen im Namen des Staates zu verfolgen.

Art. 42. Die Verrichtungen und Geschäfte des Regierungsrathes werden zum Zwecke beförderlicher Erledigung nach Direktionen vertheilt, denen je ein Mitglied des Regierungsrathes vorsteht. Der endgültige Entscheid geht von der Gesammtbehörde aus; indess kann durch gesetzliche Bestimmungen den Direktionen innerhalb bestimmter Schranken eine entscheidende Befugniss eingeräumt werden.

Der Regierungsrath bestellt die Direktionen in der Weise, dass kein Mitglied der Behörde länger als während zwei aufeinander folgender Amtsdauern dieselbe Direktion bekleiden darf.

Einzelne Direktionen können je nach der Art ihres Geschäftskreises stehende, vom Regierungsrathe gewählte Kommissionen beigeordnet werden. Im Übrigen bestimmt das Gesetz die Organisation der Direktionen und Kanzleien, sowie die Zahl und Besoldung der Angestellten.

B. Bezirksverwaltung

Art. 43. Der Kanton ist in Bezirke eingetheilt. Aenderungen in der bestehenden Eintheilung erfolgen auf dem Wege der Gesetzgebung.

Art. 44. Die Bezirksverwaltung wird durch einen Bezirksrath besorgt, bestehend aus dem Statthalter als Präsidenten, und zwei Bezirksräthen, denen noch zwei Ersatzmänner beizugeben sind.

Wo das örtliche Bedürfniss es erfordert, kann die Zahl der Bezirksräthe vermehrt werden. Ebenso kann, wo der Umfang der Geschäfte eines Statthalters es erheischt, ein Theil derselben einem Adjunkten zu selbstständiger Besorgung übergeben werden.

Die Wahl aller dieser Beamten steht den nach Art. 16–18 stimmberechtigten Einwohnern des Bezirkes zu.

Art. 45. Dem Bezirksrathe liegt namentlich ob:
Die Aufsicht über die Verwaltung der Gemeinden und ihrer Güter, sowie über das Vormundschaftswesen; in gewissen durch das Gesetz zu bestimmenden Fällen der zweitinstanzliche Entscheid in Vormundschafts- und Armensachen; endlich der erstinstanzliche Entscheid über Streitigkeiten im Verwaltungsfache.

Dem Statthalter kommt namentlich die Vollziehung der Aufträge des Regierungsrathes zu, sowie die Handhabung der ihm durch die Strafgesetzgebung und die Polizeigesetze übertragenen Befugnisse und die Aufsicht über das Strassenwesen.

Art. 46. Jede Stelle der Bezirksverwaltung ist mit derjenigen eines Gemeindrathes oder Gemeindrathschreibers unverträglich.

C. Gemeinden

Art. 47. Die regelmässige Gemeindeeintheilung ist diejenige in Kirchgemeinden, Schulgemeinden und politische Gemeinden.

Die Kirchgemeinden bilden in der Regel zugleich die Schulkreise.

Die Bildung neuer und die Vereinigung oder Auflösung bereits bestehender Gemeinden steht der Gesetzgebung zu.

Für spezielle und örtliche Gemeindezwecke können auch andere Gemeindeverbindungen, namentlich Zivilgemeinden, bestehen.

Art. 48. Die Gemeinden sind befugt, ihre Angelegenheiten innerhalb der Schranken der Verfassung und Gesetze selbständig zu ordnen. Gemeindebeschlüsse können in sachlicher Beziehung nur angefochten werden, wenn sie offenbar über die Zwecke der Gemeinde hinausgehen und zugleich eine erhebliche Belastung der Steuerpflichtigen zur Folge haben, oder wenn sie Rücksichten der Billigkeit in ungebührlicher Weise verletzen.

Art. 49. Die Verwaltungsorgane der Kirchgemeinden, beziehungsweise Schulkreise und Schulgemeinden sind:

die Kirchgemeindeversammlung,

die Schulkreis- und Schulgemeindeversammlung,

die Kirchenpflege,

die Schulpflege.

Die Verwaltungsorgane der politischen Gemeinden sind:

die Gemeindeversammlung,

der Gemeindrath.

Art. 50. In allen Gemeindeversammlungen sind die nach Art. 16–18 stimmberechtigten Gemeindebürger und die in der Gemeinde niedergelassenen Kantons- und Schweizerbürger stimmberechtigt.

Bei Fragen des Armenwesens, bei Bürgerrechtsertheilungen, sowie bei Fragen der Verwaltung der rein bürgerlichen Separat- und Nutzungsgüter sind nur die in oder ausser der Gemeinde, jedoch im Kanton wohnenden Gemeindebürger stimmberechtigt.

In den Kirchgemeinden haben bei Berathungen über kirchliche Gegenstände und bei Wahlen von Geistlichen, Mitgliedern der Kirchenpflege und kirchlichen Angestellten nur die Bürger und Niedergelassenen der betreffenden Konfession Stimmrecht.

Art. 51. Den Gemeindeversammlungen steht insbesondere zu:

Die Aufsicht über die ihnen zugewiesenen Abtheilungen der Gemeindeverwaltung, die Festsetzung der jährlichen Voranschläge, die Abnahme der Jahresrechnungen, die Bewilligung von Steuern, die Genehmigung von Ausgaben, welche einen von ihnen festzusetzenden Betrag übersteigen, sowie die Wahl ihrer Vorsteherschaften, deren Zusammensetzung mit Bezug auf die Bürger und Niedergelassenen das Gesetz bestimmen wird.

Den Gemeindevorsteherschaften kommt insbesondere zu:

1) die Vorberathung aller an die Gemeindeversammlung zu bringenden Angelegenheiten;
2) die Vollziehung der Gemeindebeschlüsse;
3) die Verwaltung der Gemeindegüter, vorbehalten Art. 55, Absatz 2.

Art. 52. Die Kirchgemeindeversammlungen und die Kirchenpflegen haben sich mit den kirchlichen Gemeindeangelegenheiten und in der Regel auch mit der Besorgung des Armenwesens zu befassen. Den Gemeinden ist es freigestellt, für die letztere eine besondere Behörde zu wählen.

Den Schulgemeindeversammlungen und den Schulpflegen kommt die Obsorge für die allgemeine Volksschule zu.

Art. 53. Die ganze übrige Gemeindeverwaltung, vorbehalten die Fälle in Art. 47, Absatz 4, ist den politischen Gemeinden und ihren Organen überwiesen. Indesssen können sich, wo besondere Verhältnisse es als wünschbar und zweckmässig erscheinen lassen, mehrere politische Gemeinden mit einander verbinden, um einzelne Zweige der Gemeindeverwaltung gemeinschaftlich zu besorgen und hiefür besondere Organe aufzustellen.

Dem Gemeindrathe oder einem Ausschusse desselben kommt der Abschluss der Zivilehe zu.

Art. 54. Die vormundschaftliche Obsorge und die Pflicht der Unterstützung im Falle der Verarmung liegt in der Regel der Heimatsgemeinde ob (vgl. Art. 22). Durch die Gesetzgebung können indessen die diessfälligen Pflichten und die damit verbundenen Rechte ganz oder theilweise der Wohngemeinde übertragen werden.

Art. 55. Die Gemeindegüter, ausgenommen die rein bürgerlichen Separat- und Nutzungsgüter, sind zunächst dazu bestimmt, die öffentlichen Bedürfnisse der Gemeinden zu befriedigen.

Den Gemeinden ist freigestellt, die Verwaltung aller Gemeindegüter dem Gemeindrathe zu übertragen.

V. Rechtspflege

Art. 56. Ein von kompetenter Stelle gefälltes gerichtliches Urtheil kann weder von der gesetzgebenden noch von der administrativen Gewalt aufgehoben oder abgeändert werden. Vorbehalten bleibt das dem Kantonsrath zustehende Begnadigungsrecht.

Art. 57. Verbrechen und politische Vergehen, ebenso Pressprozesse, in welchen ein Beklagter es verlangt, werden durch Geschwornengerichte beurtheilt.

Durch das Gesetz können auch für andere Theile der Rechtspflege (Zivil- und Strafrechtspflege) Geschwornengerichte aufgestellt werden.

Art. 58. Das Gesetz bestimmt die Zahl, die Organisation, die Kompetenz und das Verfahren der Gerichte.

Vertragsgemässe Schiedsgerichte sind zulässig.

Art. 59. Das Prozessverfahren soll im Sinne möglichster Rechtssicherheit, sowie rascher und wohlfeiler Erledigung geordnet werden. Für Streitigkeiten von geringem Betrag wird ein abgekürztes Verfahren eingeführt.

Art. 60. Die mit der Führung des Notariatswesens betrauten Beamten werden aus der Zahl der geprüften Kandidaten durch die nach Art. 16–18 stimmberechtigten Einwohner des Notariatskreises gewählt.

Art. 61. Die Schuldbetreibung wird einem Beamten der politischen Gemeinde übertragen.

VI. Unterrichts- und Kirchenwesen

Art. 62. Die Förderung der allgemeinen Volksbildung und der republikanischen Bürgerbildung ist Sache des Staates.

Zur Hebung der Berufstüchtigkeit aller Volksklassen wird die Volksschule auch auf das reifere Jugendalter ausgedehnt werden. Die höhern Lehranstalten sollen unbeschadet ihres wissenschaftlichen Zweckes den Bedürfnissen der Gegenwart angepasst und mit der Volksschule in organische Verbindung gebracht werden.

Der obligatorische Volksschulunterricht ist unentgeltlich. Der Staat übernimmt unter Mitbetheiligung der Gemeinden die hiefür erforderlichen Leistungen.

Die Volksschullehrer sind in wissenschaftlicher und beruflicher Hinsicht umfassend zu befähigen, insbesondere auch zur Leitung von Fortbildungsschulen.

Die Gemeinden überwachen durch die lokalen Schulbehörden den Gang der Schulen und die Pflichterfüllung der Lehrer. Für jeden Bezirk wird ausserdem eine besondere Schulbehörde, Bezirksschulpflege, aufgestellt.

Die Organisation eines der Erziehungdirektion beigegebenen Erziehungsrathes und einer Schulsynode bleibt dem Gesetze vorbehalten.

Art. 63. Die Glaubens-, Kultus- und Lehrfreiheit ist gewährleistet. Die bürgerlichen Rechte und Pflichten sind unabhängig vom Glaubensbekenntnisse.

Jeder Zwang gegen Gemeinden, Genossenschaften und Einzelne ist ausgeschlossen.

Die evangelische Landeskirche und die übrigen kirchlichen Genossenschaften ordnen ihre Kultusverhältnisse selbständig unter Oberaufsicht des Staates.

Die Organisation der erstern, mit Ausschluss jedes Gewissenzwanges, bestimmt das Gesetz.

Der Staat übernimmt im Allgemeinen die bisherigen Leistungen für kirchliche Bedürfnisse.

Art. 64. Die Kirchgemeinden wählen ihre Geistlichen und die Schulgemeinden die Lehrer an ihren Schulen aus der Zahl der Wahlfähigen.

Der Staat besoldet die Geistlichen und unter Mitbetheiligung der Gemeinden die Lehrer im Sinne möglichster Ausgleichung und zeitgemässer Erhöhung der Gehalte.

Die Lehrer an der Volksschule und die Geistlichen der vom Staate unterstützten kirchlichen Genossenschaften unterliegen alle sechs Jahre einer Bestätigungswahl. Wenn bei der diessfälligen Abstimmung die absolute Mehrheit der stimmberechtigten Gemeindegenossen die Bestätigung ablehnt, so ist die Stelle neu zu besetzen.

Die zur Zeit definitiv angestellten Lehrer und Geistlichen werden nach Annahme der Verfassung für eine neue Amtsdauer als gewählt betrachtet und haben für den Fall der Nichtwiederwahl Anspruch auf Entschädigung nach Massgabe der Dienstjahre und Dienstleistungen.

Diese Bestimmungen finden auch Anwendung auf die Geistlichen der katholischen kirchlichen Gemeinden.

VII. Revision der Verfassung

Art. 65. Die Revision der Verfassung in ihrer Gesammtheit oder in einzelnen Theilen kann jederzeit auf dem Wege der Gesetzgebung vorgenommen werden.

Falls auf dem Wege der Volksinitiative die Revision der Gesammtverfassung beschlossen wird, findet eine Neuwahl des Kantonsrathes statt, welcher die Revision an Hand zu nehmen hat.

Bezügliche Vorlagen unterliegen einer doppelten Berathung im Kantonsrathe, und es soll die zweite Berathung nicht früher als zwei Monate nach Beendigung der ersten stattfinden.

Zürich, den 31. März 1869

Im Namen des Verfassungsrathes

Der Präsident,
Dr. J. Sulzer.

Der erste Sekretär,
L. Forrer.